www.ingramcontent.com/pod-product-compliance
Lightning Source LLC
Chambersburg PA
CBHW041029050726
47599CB00018B/1909

إِسْهَامَاتُ الصُّومَالِيِّينَ
فِي دِرَاسَةِ عِلْمِ الصَّرْفِ

بَيْن المَدْرَسَة التَّقْلِيدِيَّة وَالنِّظَامِيَّة

الدُّكْتُور مُحَمَّد حُسَيْن مُعَلِّم عَلِي

LOOH PRESS
2023

كلمة الشكر

الحمد لله وكفى والصلاة والسلام على رسول الله سيدنا محمد وعلى آله وصحبه وسلم.

أما بعد:

فإنني بعد شكر الله سبحانه وتعالى على نعمه الكثيرة التي لا تعدّ ولا تُحصى أشكر كل الإخوة الذين قدّموا لي يد العون والمساعدة في سبيل إنجاز هذا المشروع العلمي، وكانوا – بوقوفهم إلى جانبي – سبباً رئيسياً في نجاح إخراج هذه الدّراسة على هذا الشكل الذي آمل أن ينال رضى القارئ والمطّلع على الرسالة .

وإنني إذ أتوجه إلى هؤلاء جميعاً –من أعماق قلبي – بالشكر والتقدير والمحبة، أسأل الله أن يجعل جهودهم تلك في ميزان حسناتهم يوم لا ينفع فيه مال ولا بنون إلا من أتى الله بقلب سليم.

ولا يفوتني أن أخص الشكر من بين هؤلاء بشيخنا الفاضل الأستاذ الدكتور علي محمد صالح الذي أكنّ له الحب والتقدير يملؤهما كل معاني الأخوة والصداقة، والذي كان له الفضل الأكبر – بعد الله – في بذل جهد جبّار لمساعدتي – رغم ارتباطاته ومشاغله العديدة – لتظهر هذه الرسالة، ولترى النور في هذا الوجود من خلال القيام بتصحيحها اللغوي والموضوعي وبكتابة تقديم رائع لها، وله مني الود والمحبة، وأسأل الله أن يرزقه الصحة والعافية والعمر المديد المبارك.

كما أوجّه شكري وعرفاني إلى الأستاذ الباحث أنور أحمد ميو الذي بدل جهداً كبيراً في سبيل إخراج هذه الرسالة، وكان له فضل – بعد الله سبحانه وتعالى – في

تنسيقها وإخراجها إلى الطباعة، وكذلك إلى كل من ساهم في مساعدتي ممن لم أذكر أسماءهم هنا جزاهم الله عنا خير الجزاء وأحسن الله إليهم.

وختام الشكر مسكه، أهديه إلى أهلي وأولادي الذين تحمَّلوا فترات انشغالي عنهم، فهم جميعاً شمعة حياتي، وأسأل الله أن لا يحرمني من وجودهم في حياتي. آمين.

تقديم

إن الحمد لله نحمده ونستعينه ونستغفره ونعوذ بالله من شرور أنفسنا ومن سيئات أعمالنا، من يهد الله فلا مضل ومن يضلل فلا هادي له وأشهد أن لا إله إلّا الله وأشهد أن محمداً رسول الله صلى الله عليه وعلى آله وصحبه وسلم. أما بعد:

الأخُ الفاضلُ الدكتور محمد حسين معلم، الكاتبُ والمؤرخُ الصوماليُ –حفظه الله – عوّدنا الكثيرَ على أن يُتحفنا بكتاباتٍ وبحوثٍ عن تأريخِ أرضِ الوطنِ، جذورِها وأصولِها، أبطالِها وشعرائها، علمائها وجهودِهم العلميةِ والدعويةِ عبر امتدادِ العصورِ ليطالَعَنا على صفحاتٍ تأريخيةٍ ذاتِ صلةٍ بماضينا والتي أحوج ما نكون إلى معرفةِ ما في ثنايا سطورِها والوقوفِ على ما انطوت عليه حواشيها وهوامشها .

والدكتور محمد، منذ عرفتُه، سيرةً ومسيرةً، ما يقارب عقودا أربعةً ومِن أيامِ دراستنا في رحابِ الحرمين الشريفين، كان مُتحفاً عامراً ومكتبةً تأريخيةً متجولةً بحيث ظل مهتماً – بكلِ شغفٍ – بجمعِ تراثِ وتأريخِ منطقةِ شرقِ إفريقا وبخاصةٍ تأريخُ البلدِ الحبيبِ، الصومالِ، فانصبّ همّه كلُه على أن يلتقطَ الرسالة تلو الأخرى ويُضيفَ المصدرَ التأريخيَ في المنطقةِ للآخرِ لتتوفرَ لديه مادةٌ علميةٌ وتأريخيةٌ غزيرةٌ كفيلةٌ بالإضافةِ والإثراءِ العلميَين. بذَل في ذلك الجهدَ والوقتَ والغاليَ والنفيسَ يحدوه الأملُ لأن يجدَ الفرصةَ –يوما مّا– سانحةً ومواتيةً للعكوفِ على كنوزِ تلك الأسفارِ التي تأبَّط بها ورصَّها في أرفُفِ مكتبتِه لاستخراجِ دررٍ منها تُثري المكتبةَ الإسلاميةَ وتسُدّ ثغراتِها بما يُضيئ للأمة مساراتٍ حضاريةً مستقبليةً من وحيِ ماضيها المجيدِ وتأريخِها الغابرِ.

هذا، وبحثُه بين أيدينا حول "إسهامات الصوماليين في علم الصرف؛ بين المدرسة التقليدية النظامية" ما هو إلّا ثمرةٌ من ذاك الغرسِ الذي تعاهد عليه الكاتبُ بالسّقي ونتيجةٌ لذاك الجهدِ الذي استمات فيه على كرّ الدهورِ ومرورِ الأعوامِ.

الكتابُ أعلاه إضافةٌ علميةٌ وتأريخيةٌ جديدةٌ تألّق فيها الكاتبُ — كعادته — بحيث استعرض ميدانياً لجهودِ المدرستين التقليديةِ والنظاميةِ وإسهاماتِهما في دراسةِ وتدريسِ علمِ الصرفِ في كلٍ من جيبوتي والصومالِ مؤرّخا لأعلامِها ومدارسِها اللغويةِ من القرنِ المنصرمِ إلى وقتِنا الحاضرِ راسماً الخطوطَ الجيوتأريخيةِ لثمراتِ تلك الحلقاتِ والمدراسِ العلميةِ التي تعاقبت واحدةً تلك الأخرى في العطاءِ والإنتاجِ العلميَين.

عاَد بي الكاتبُ — وأنا أقلّبُ صفحاتِ الكتابِ وأمرّر عيني على مضمونِه — إلى أيامٍ لنا سلفت، أيامٍ كنّا، أنا وزملائي، نرتادُ على بعض تلك الحلقاتِ في مقدشو ومناطقَ أخرى في بلدِنا الحبيبِ في بدايةِ الثمانينات، مزاحمين العلماءَ بالركبِ ما بين حلقةٍ إلى أخرى وزاويةٍ إلى غيرِها بعزيمةٍ لا تَني وبهمةٍ لا تَخُورُ يدفعُنا الحماسُ الأخّاذُ — بكل لهفٍ — إلى الجري وراء التحصيلِ العلميِ ليس الّا.

وكان لدراسةِ القواعدِ العربيةِ بصفةٍ عامةٍ ولعلومِ الصرفِ بصفةٍ خاصةٍ مكانةٌ وأهميةٌ قصوى في أوساطِ طلبةِ العلمِ بل كانت هي مقياسَ مستوى الطالبِ العلميِ ومعيارَه لتحديدِ كفاءةِ الطالبِ وقدرتِه على مواصلةِ مشوارِ طلبِ العلمِ الأمرِ الذي قد يؤدِي إلى تصنيفِه في زمرةِ الفاشلين إن لم يُحالفه الحظُ من تلك الفنونِ، فنونِ اللغةِ وقواعدِها.

إذن، فليس مما يُستغرب أن نرى هذا التوجهَ الكليَ من قِبل طلبةِ العلمِ لدراسةِ الصرفِ وقواعدِه ولرحلاتِهم إليه من منطقةٍ إلى أخرى بهدفِ تحصيلِه إذ أصبح أساسَ العلمِ ومنطلقَه، مبدأه ومنشأه.

بيد أننا نلاحظ – بعد الإمعان في مناهج مدراسِ علمِ الصرفِ وبخاصةٍ التقليديةُ بعينِ الإنصافِ – أنها لم تحظ بالتطويرِ أو الإبداعِ الذي يُفترَض أن تَصبُوَ إليه هذه المدارسُ في هذا الإطارِ حيث تمحورت جلُ دراسةِ الصرفِ على كتابَين أو ثلاثةٍ من كتبِ الصرفِ التي كُتب لها الاشتهارُ والاستفاضةُ في الوسطِ العلميِ السائدِ في المنطقةِ ؛ "لاميةُ الأفعالِ وحديقةُ التصريف وما تفرّع عنهما من شروحٍ مختصرةٍ ومطولةٍ".

ورغم أنّ العكوفَ على مجردِ هذه الكتبِ المشارِ إليها لا يخلو من فائدةٍ بل من فوائدَ جمّةٍ حيث شكّلت تلك الكتبُ الركنَ الركينَ الذي عوّل عليه الطلبةُ في حقولِهم الدراسيةِ والذي مهّد لهم الطريقَ لتحقيقِ المأربِ والوصولِ إلى المنشودِ، وحيث إن تلك الكتبَ كان لها دورُها في تخريجِ جهابذةٍ من العلماءِ يُشار إليهم بالبنانِ في مجالِ اللغةِ الّا أنّه كان ينبغي أن تكون هناك إضافاتٌ أخرى من حيث التطبيقِ بضربِ أمثلةٍ بكلماتٍ ومفرداتٍ غيرِ تلك المذكورةِ من قِبَل الناظمِ او الكاتبِ لتقريبِ المعلومةِ إلى حِيزِ التطبيقِ ولتفاعلٍ أكثرَ مع اللغةِ بما يتطلبه الواقعُ المعيشُ وتستدعيه البيئةُ المحيطةُ من كلماتٍ ومفرداتٍ وتراكيبَ – على غرارِ صنيعِ المجامعِ العربيةِ – بل وأن يتعدّى الأمرُ إلى استحداثِ أوزانٍ صرفيةٍ أخرى تضاهي القديمَة وتحاكيها على ذاتِ قواعدِها وتساهم كذلك في تطويرِ العربيةِ لتواكبَ العصرَ التقنيَ المعيشَ والذي يُلحّ – بكلِ إضطرارٍ – إلى إيجادِ كلماتٍ ومفرداتٍ تنسجم وتتكيف وتوافق كذلك هذه التكنولوجيا الحديثةَ. ولئن كانت مقولة الأمس

بأن " اللغةُ تبقى ما يبقى متحدثون بها " فإن مقولة اليوم، في هذا العصرِ، عصرِ التكنولوجيا هي " أن بقاءَ اللغةِ مرتبطٌ بالتكنولوجيا".

ولسنا مبالِغين إن قلنا بأنَّ ملامحَ تراجعِ اللغةِ العربيةِ عن الصدارةِ قد أخذت تشقُ طريقَها إلى الأمام بعد أن كانت المنهلَ الوحيدَ الذي كان تَستقِى منه أكثرُ العلوم بل كلُ العلوم. ولولا أن حفِظها الله بكاتبه لما كان لها أي وجودٍ يُذكر لمناوئةِ أهلِها لها واستبدالِهم لها بالذي هو أدنى.

الأستاذ الدكتور علي محمد صالح

٢٧/٨/٢٠٢٣

أوسلو

النرويج

الملخص

يشكل فنّ الصرف أساساً من الأسس المهمة في اللغة العربية قديماً وحديثاً، بل وإنّ كل من اشتغل باللغة العربية – من نحويّ أو لغوي آخر– يحتاج إليه ولا يستغني عنه، ومن خلال هذا البحث المتواضع نحاول إبراز تلك الجهود الجبارة التي قدمها العلماء والباحثون في بلاد الصومال في حقل اللغة العربية ولا سيما علم الصرف، وكذا بعض نماذج من البحوث والدراسات الأكاديمية التي تناولت علم الصرف بأي وجه من الوجود العلمية، ولكن دون قيد بفترة من الفترات أو ببقعة معينة في منطقة القرن الإفريقي الذي يقطنه أهل الصومال وغيرهم.

ولا شك أنّ العودة إلى الأصالة وتراث الأولين والإطلاع عليه أولاً ثم البحث فيه إنّما يعني في الحقيقة إبقاء فكرة التواصل بين الماضي والحاضر، والاستفادة من تجارب أهل الفنّ والابداع، بل ومن الصعوبة بمكان القفز على ذلك الكنز الثمين الذين خلفه الأوائل دون الاستنارة بتجاربهم، كما أنّه يصعب أيضاً بناء جسور المعرفة المتينة التي تنتج العلم الرصين والتقدم الحضاري دون أن يكون هناك مصدر قوي يستلهم منه المبدعون.

فالتخصصات الأكاديمية والبحوث العلمية في مجال اللغة العربية وفنوّها في اروقة المؤسسات التعليمية في العصر الحاضر إنما هي ثمار ما غرسه الأوائل وما بذلوه من جهود مضنية. وما نراه اليوم في الساحة التعليمية من تطور هائل، في مجال اللغة العربية وفروعها بل وفي أكثر من حقل من حقول العلم والمعرفة انعكاس لتلك الجهود التي بذلها مؤسسوا المدرسة التقليدية وروّادها والتي من حجرها الأساس تواصل الجسر المعرفي واكتمل في المدراس والمعاهد والمؤسسات التعليمية النظامية

على طول البلاد وعرضها، وفي الأرياف والمدن رغم الظروف الصعبة وعدم الاستقرار التي مرت بها الصومال في الثلاثة العقود الأخيرة.

توطئة

إن أهمية علم الصرف لا تقتصر على اللغة العربية وأدبها فحسب، وإنّما تتعدى لتشمل فهم النصوص الصحيحة المقدسة من الكتاب والسنة، بل وفهم عموم الشريعة الإسلامية وأحكامها ومعاني ألفاظها ككل، إلى جانب مجالات أخرى ذات صلة بالثقافة والعلم والمعرفة.

وفي العموم، الحديث عن هذه المادة اللغوية يأخذنا إلى أربعة أبعاد أو بالأحرى إلى أربعة مستويات مختلفة والتي منها المستوى الصوتي، والمستوى الصرفي — أي بنية الكلمة— والمستوى التركيبي النحوي، والمستوى الدلالي وهو المعنى بالمعنى، وإذا كان النحو يبحث في أواخر الكلمة فإن علم الصرف يبحث في بناء الكلمة، وأحوال هذه الأبنية التي لا تخصّ الإعراب ولا البناء، من حيث كون الحروف صحيحة أو معتلة، وأصلية أو زائدة، أو حصلَ فيها إبدال في الحروف، وما شابه ذلك، ولذلك فإنّ علم الصرف يدرس التغيير الذي يظهر على صيغة الكلمة وبنيتها، كالزيادة، أو النقصان، أو الإبدال والقلب، وغير ذلك.

لا يخفى على أحد العلاقة بين علم الصرف والمعاجم اللغوية التي تبحث عن استعمال الكلمة العربية الفصيحة ومفردها ومثناها وجمعها، وفعلها ومصدرها والمشتقات منها، كما لا يخفى على أحد تلك العلاقة بين علمي الصرف والنحو، بحيث أنّهما جزآن مهمان في اللغة العربية ولا ينفصلان، وأنّ كليهما يكمل بعضه بعضاً.

ويرى بعض الباحثين أنّ دراسة الصرف تُعد مقدمة ضرورية لدراسة النحو، وأنّ كليهما يكمل بعضه بعضا، وأنهما لا يستغنيان عن بعض، والصرف في اللغة

العربية من حيث هو صرف جبري، بدقة القياس، والاعتماد على الجذور، ومرونة الاشتقاق ولذا كان إخضاعه للضبط الحاسوبي أمراً ممكناً[1].

ومن هنا أردنا أن نستعرض وعبر شبكة القرن حصرياً "إسهامات أهل الصومال في علم الصرف" من خلال الحديث عن المجهودات اللغوية الصرفية التي قدمتها المدرسة التقليدية المعروفة، وكذا المدرسة النظامية الأكاديمية دون أن نقيد بفترة من الفترات، أو بمنطقة معينة من بلاد الصومال الكبير المترامية الأطراف التي يقطنها أهل الصومال في القرن الإفريقي، وذلك بهدف التعرف على مدى إسهامات كافة المدارس بغض النظر عم موقعها الجغرافي في المنطقة أو عن حقبتها الزمنية إذ أن الغرض هو تتبع واستقراء الجهود التي بُذِلت في خدمة علم الصوف في القرن الإفريقي طولا وعرضا ومدا وجزرا.

وجدير بالاشارة قبل الخوض في البحث أن ننبه على أنّ دراستنا تقتصر على المجهودات التأليفية فحسب، مع علمنا بأهمية الجوانب العلمية الأخرى من تعليم وتدريس في الحلقات العلمية التي كانت تقعد في المساجد والزوايا وغير ذلك.

الدراسات السابقة:

هناك بعض دراسات وبحوث أنجزت في ميدان اللغة العربية في بلاد الصومال، وأغلب هذه البحوث تدور حول مكانة اللغة العربية وانتشارها في المنطقة، وأنّ لها جذورا عميقا في المجتمع، طالما أنّها لغة القرآن الكريم المنزل على نبينا محمد بن عبد الله — صلى الله عليه وسلم — ومن هنا لم تكن العربية يوماً من الأيام غريبة بين أهل

---

[1] انظر د. مسفر بن محماس الكبيري الدوسري: حوسبة الصرف: التصغير أنموذجاً، الجامعة الإسلامية العالمية بماليزيا، ص ١٩٤.

الصومال أو في أية بقعة على هذه السطيحة وصل إليها الإسلام، غير أنّ هذه البحوث والدراسات العلمية لم تتطرق للتنويه من تناقش الجهود الجبارة التي بذلها أهل الصومال قديما وحديثا في خدمة علم الصرف وأقسامه، ومن هذه البحوث التي عنيت بشأن اللغة العربية ومكانتها بصفة عامة:

– "تجربتان في تعليم اللغة العربية في الصومال (٣/١)"، لفضيلة الدكتور القدير المختص السيد عمر محمد ورسمة.

وهذا البحث كان عبارة عن ورقة بحث قدمت إلى المؤتمر الدولي الثالث للغة العربية بدبي ١٧-١٠ مايو ٢٠١٤م.

وتهدف هذه الورقة إلى دراسة هاتين التجربتين على مستوى الفلسفات، والأهداف، والوسائل، ونوعية المناهج المتبعة في كل منهما، والبحث عن نقاط قوة وضعف كل منهما، وتقييم مخرجاتهما التعليمية، والبحث كذلك عن سبل استثمارهما في نشر اللغة العربية في الصومال،وسبل تحديثهما وفق التطورات الهائلة في ميدان تعليم اللغات في العالم.

وهناك دراسات أخرى تناولت في الحركة العلمية والثقافية في بلاد اللصومال، بما فيها اللغة العربية، غير أنّ هذه الدراسات لا تركز على مجهودات أهل الصومال وإسهامتهم في فن الصرف إلا نذر يسير، ومن ذلك:

– "الثقافة العربية وروادها في الصومال"، للدكتور محمد حسين معلم علي.

– "اللغة العربية في بلاد الصومال للدكتور الفاضل فوزي محمد بارو.

– "اللغة العربية في الصومال"، وقائع الندوة العلمية حول تقوية اللغة العربية المنعقدة في مقديشو في الفترة ٣/٢٢ –٦/ ١٩٨٦م.

إسهامات علم الصرف في الصومال

أدوار المدرسة التقليدية

المدرسة الصرفية في الحلقات العلمية بالصومال:

وميدان الصرف ودروبه لم يكن غائباً عن الحلقات العلمية في منطقة القرن الإفريقي، بل إن العلماء كانوا يمارسون في حلقاتهم العلمية ويواظبون على تعليمه وتدريسه، وكانوا أحياناً يضطرون إلى وضع رسائل لتبيينه وتبسيطه لطلبة العلم، وهذه الجهود العلمية في هذه الفترة لم تكن تقل شأناً عن الجهود التي تبذلها الجامعات في الحقل الأكاديمي بحيث كان يفد إليها طلبة العلم من كل حدب وصوب، من داخل المنطقة ومن خارجها كما كانت عادة رحلات طلبة العلم قديما.

من ناحية أخرى أنّ الذين رحلوا إلى البلدان العربية — كاليمن والحجاز والشام ومصر وغيرها من البلاد العربية— من طلبة العلم بهدف التعليم كانوا على مستوى أقرانهم من طلاب العرب في تلك البلدان من حيث اللغة والمعرفة، بحيث لم نر من سجل عوائق اعترضت لهؤلاء من طلبة العلم من منطقة القرن الإفريقي، بل ونجد في بعض مصادر التراجم المختلفة بأنّ من وفد إلى تلك البلدان انضموا إلى المجالس العلمية فور وصولهم وبدون دراسة تمهيدية أو تقوية للغة العربية — كما يحصل وقتنا الحاضر في مراكز ومعاهد تعليم اللغة العربية لغير الناطقين بها التابعة للجامعات — بل إنّ بعضهم جلسوا على كرسي علمي والتف حولهم طلبة العلم، كما هو حال كل من:

- العلامة الفقيه الشيخ فخر الدين الزيلعي، عثمان بن علي بن محجن البارعي، الذي وفد إلى مصر سنة ١٣٠٥ م. صاحب كتاب" تبيين الحقائق لشرح كنز

الدقائق"، وهو شرح على كنز الدقائق للإمام عبد الله بن أحمد بن محمود أبو البركات حافظ الدين، وهذا الكتاب مكون من ستة مجلدات. ومن مؤلفاته أيضاً: تركة الكلام على أحاديث الأحكام ، شرح الجامع الكبير.

- العلامة الشيخ المحدث الشيخ جمال الدين عبد الله بن يوسف بن محمد صاحب كتاب نصب الراية في ذكر أحاديث الهداية.

والحقيقة أنّ هذا الأمر إن دلّ على شيء فإنّما يدل على أنّ المجالس العلمية المختلفة في منطقتنا كانت على مستوى عال، فليس غريبا إذن، أن يشدّ الرحال إليها بعض طلبة العلم وأن يفدوا إليها من مناطق مختلفة هدفهم الوحيد هو النيل من هذا العلم.

ولكي نضرب مثلاً لما سبق يكفي أن نشير إلى ما كان يقوم به العلامة الشيخ محمد علوي بن أحمد الأستاد الأعظم الفقيه المقدم من جولات عند طلبه العلم في آفاق كثيرة ، وذلك حين جاء إلى الصومال قادماً من اليمن ، من بلدته تريم في القرن الثامن الهجري.

ولاشك أن الدافع للسفر ما سمع من أخبار منطقة القرن الإفريقي عموماً، وبلاد الصومال خصوصاً من الحالة العلمية قبل مجيئه إليها ،لذلك شدّ الرحال إلى الصومال وبالتحيد مدينة مقدشو التي كانت مليئة بالعلماء الإجلاء الأفاضل ، وقد تتلمذ على أيدي هؤلاء وأخذ عنهم عدة علوم مختلفة من خلال حلقاتهم العلمية ، غير أنه كان يحرص على بعضهم مثل حلقة الشيخ جمال الدين محمد بن عبد الصمد الجهوي ، وحاز منه علوماً كثيرةً وبرع وجمع فيها ما جمع حتى فاق أهل

زمانه وتقدم بها على أقرانه ثم رجع إلى بلده تريم في اليمن[1].

وكان يلزم على طلاب العلم الوافدين من خارج الصومال أن يلتحقوا بالحلقات العلمية التي كانت منتشرة في جميع أنحاء الصومال، وبالذات تلك الحلقات التي كان الشيوخ يقومون بتدريسها بلغة القرآن فقط حتى يتمكن الطلاب الوافدون من فهم اللغة المحلية الدارجة في المنطقة بلهجاتها المختلفة، وبالذات لهجة المنطقة التي يقيم فيها الطالب، الوافد من المنطقة العربية والذي لا يجيد غير اللغة العربية.

ونستطيع القول بأنّ ما سبق من التبادل الثقافي والعلاقات العلمية لدليل واضح على مدى عمق العلاقة والاتصال بين الصومال والبلدان الإسلامية الأخرى وبالذات المناطق المجاورة، مثل اليمن والحجاز ومصر، وكذا الرحلات العلمية التي كان يقوم بها طلبة العلم الصوماليون إلى المركز العلمية في العالم ثمّ رجوعهم إلى أرض الوطن بعد تحصيلهم العلمي وتفقههم في الدّين. وفي المقابل كان هناك تدفق من العلماء والمثقفين إلى القطر الصومالي، كل ذلك قد أثر على الحياة العلمية والثقافية في المنطقة حتى صارت دوحة للعلم والمعرفة وقبلة يقصدها إليها طلبة العلم في أنحاء مختلفة من إفريقيا وآسيا.

والمعلومة أعلاه لدليل واضح على دور اللغة العربية — بما فيها علم الصرف — في عملية التدريس والحركة العلمية عموماً، وأنّ أساتذه هذه الحلقات كانوا بارعين في علم الصرف، بحيث لم يخل من الساحة العلمية في فترة من الفترات مثل هذه

[1] با علوي، محمد بن أبي بكر الشلي: المشرع الروي في مناقب السادة الكرام آل علوي دون ذكر اسم دار النشر والمكان والتاريخ، وطبع وقف لله تعالين ص ١٨٩ – ١٩٠ ؛ الشريف بن عيدروس الشريف علي العيدروس النضيري العلوي: بغية الآمال في تاريخ الصومال، مطبعة الإدارة الوصية علي صوماليا، مقدشو، الطبعة الأولى، سنة ١٣٧٤هـ – ١٩٥٤م، ص ٤١.

النجوم ، وعلى سبيل الإشارة نضرب مثالا بشيخين جليلين برزا في علم الصرف وضروبه ، بل وتركا لمسات علمية ليس في حلقاتهم العلمية التي كانوا يعقدونها فحسب، بل في مجال التأليف والابداع كذلك، وهما:

– أولاً: الشيخ عبد الرحمن الزيلعي:

هو الشيخ عبد الرحمن بن أحمد نورية الديسو الكدلي نسبة إلى قبيلة ديسو الرحنوينية، وكان ماهراً في علم الصرف، بل ووضع بعض الرسائل للصرف ليستفيد منها طلبته، واستهل ابداعاته العلمية بتأليف كتابه:

– حديقة التصريف في علم الصرف.

هذه الرسالة وضعها الشيخ عبد الرحمن الزيلعي ، وهي مشهورة في القطر الصومالي وغيره من الأقطار الإسلامية المجاورة للصومال، مثل جيبوتي وإثيوبيا وكينيا وتنزانيا، فالكتاب عبارة عن أرجوزة في علم الصرف منظمة بالقوافي في أبواب علم الصرف وأبنيته، فجاءت جملة كافية لمقاصد هذا الفن حاوية، كما قال المؤلف نفسه، ولكنه استخدم بعض الألفاظ والأساليب القديمة.

والرسالة صغيرة الحجم ومتداولة في أيدي طلبة العلم القاصدين والراغبين في تعمق علم الصرف وضروبه. والقارئ لكتاب الزيلعي المشار إليه يلاحظ بأنّ المؤلف أراد أن يكون مقرراً لطلبة العلم المبتدئين، وهو متداول لدى أغلب أهل العلم الدارسين والقائمين على حلقات العلم في المساجد وأروقة العلم في المدن والأرياف معا، مما يدل على أهمية الكتاب ومؤلفه، وهي أي الأرجوزة سهلة في حفظها وقرائتها، لكنها صعبة في فهمها وفك غموضها، وهو مما لاحظ المؤلف قبل رحيله إلى رفيق الأعلى الأمر الذي دفعه إلى وضع رسالة أخرى تكون شرحا للأرجوزة وتحل معانيها

وتفك لغزها، وبذلك أنتج رسالة أخرى تشرح ألفاظ الرسالة الأولى وتبين معانيها ليسهل على طلبة العلم استيعابها والاستفادة من كنوزها العلمية، وهي رسالته الثانية في علم الصرف والمسمى بـ: "فتح اللطيف شرح حديقة التصريف".

ويذكر بعض الباحثين أسباب تأليفه للكتابين:

أولا: الأرجوزة: ومن بين هذه الأسباب أنّ الشيخ الزيلعي أراد أن يبرز عضلاته في اللغة العربية ومدى قدرته على التأليف باللسان العربي وقواعده وبخاصة فيما يتعلق بتصريف الكلمة وموازينها، " فقد قيل: إن الزيلعي حينما انتهى من إنشاد قصيدتيه: جوهرة الوسيلة، وكنز الحقائق في غرض الابتهالات والتوسل واجه نقداً مراً لاذعاً من قبل بعض العلماء في المدن الصومالية الغربية؛ فقالوا: إنه لم يأت بجديد، بل قدم قائمة بأسماء أبرز الشخصيات الإسلامية في العالم الإسلامي في عصورهم المختلفة؛ فأراد الزيلعي أن يرّد خصومه رداً حاسماً، وأن يجيبهم إجابة عملية؛ فألف كتابه"حديقة التصريف"، وأرسله إليهم دون شرح، وطلب منهم متحدياً أن يضعوا له شرحاً، ولكن ما كان من هؤلاء المنتقدين، بعد دراسة الكتاب، إلا الاعتراف بقيمة هذا الكتاب الأكاديمية، وفضل مؤلفه، وغزارة علمه ومعرفته.

ثانيا: أما رسالة "فتح اللطيف شرح حديقة التصريف" فهي شرح للرسالة السالفة الذكر، والدافع وراء لتأليفه إياها كما ذكر المؤلف نفسه في مقدمته: ".. ولما وضعت الأرجوزة المسماة بحديقة التصريف في علم التصريف، فجاءت بحمد الله جملة كافية، ولمقاصد هذا الفن حاوية، سنح لي ،أي ظهر لي أن أضع عليها شرحا يحل ألفاظها ، ويبين مرادها، فجاءت بحمد الله كتابا جامعا للمرام، مناسبا للمقام، وسميته : فتح اللطيق شرح حديقة التصريف".

إذاً الكتاب شرح وتبسيط لكتاب آخر وضعه المؤلف نفسه ، كما كان عادة أهل العلم المشغولين بالتدريس وإلقاء الدروس العلمية في حلقات العلم التي يقصد إليها طلبة العلم.

من هنا جاء هذا الشرح مفيدا ونفيسا يتناول أبواب علم الصرف من أبنية الفعل المجرد وتصاريفه ، وفي حكم اتصال تاء الضمير أو نون بالفعل الماضي الثلاثي المعتل العين وألقاب الأفعال، وأبنية المزيد فيه، وفي المضارع والأمر، وأبنية أسماء الفاعلين والمفعولين، وأبنية الكثرة والمبالغة والمصادر، والمفعل والمِفعل، وبناء المفعلى وبناء الآلة. وهذا الكتاب يقع في ٨٨ صفحة، ويعتبر من أروع شروح علم الصرف، وطبع بمطبعة مصطفى البابي الحلبي بمصر في يوم الأربعاء ٢٠ رجب سنة ١٣٥٧هـ الموافق ١٤ سبتمبر سنة ١٩٣٨م.

وكان هناك من الباحثين من أولوا اهتماما خاصا برسالة فتح اللطيف، شرح حديقة التصريف عبارة عن شرح لرسالة الزيلعي الأولى، حيث قاموا بدراسة وتحقيق علمي لها بمفردها، ومنهم الدكتور الشريف علوي، حيث قام بدراسة وتحقيق علمي لرسالتي الزيلعي معا؛ المنظومة وشرحها وفق ما يتطلبه المنهج العلمي للتحقيق للفائدة العلمية في التوأمتين.

والرسالتان "حديقة التصريف"و شرحها "فتح اللطيف في علم الصرف" قد طبعتا في مصر في مجلد واحد من الحجم المتوسط عام ١٩٣٨م: أي قبل ثمانين عاماً تقريباً.

والخطة المنهجية لدراسة الكتاب التي قام بها قام فضيلة الدكتور شريف علوي محمد آدم حول إعادة نشر كتاب الشيخ عبد الرحمن بن أحمد الزيلعي "فتح اللطيف شرح حديقة التصريف"، تقع كالآتي:

استهل بمقدمة تتحدث بإيجاز عن حياة هذا المؤلف وعن أبرز مؤلفاته الأدبية واللغوية، وأردفها بثلاثة أبواب وستة عشر فصلاً. فالباب الأول: الأفعال: ويتكون من ستة فصول تناول فيها المؤلف أنواع الأفعال المختلفة، وعن أزمنتها وأوزاها القياسية والسماعية. والباب الثاني: الأسماء ويتكون من عشرة فصول يتحدث فيها المؤلف بإسهاب عن المشتقات من الأسماء، وعما يطرأ عليها من تغيير وتصريف، وإعلال وإبدال،وعن الأبنية والأوزان التي تأتي عليها سواء أكانت قياسية أم شاذة. والباب الثالث: الخاتمة حيث قدم المؤلف الحمد والثناء إلى ربه سبحانه وتعالى، وشكره على حسن توفيقه وامتنانه بإكمال هذا الكتاب، ثم صلى وسلم على نبيه، وعلى آله وصحبه.

وقد قام الدكتور علوي شريف بدراسة تليق بمكانة الزيلعي العلمي مع تحقيق نصوص رسالته وفق المنهج البحث العلمي ، وقد طبع شريف علوي محمود آدم بالمشاركة مع الدكتور محمد بن تركي بن حميد، وقد نجح هذان العالمان في إخراج الكتاب لأول المرة عام ١٤٢٩هـ الموافق عام ٢٠٠٨م.

والحقيقة أنّه لم يأت من فراغ بروز مدرسة علمية ذات طابع لغوي يقودها فضيلة الشيخ عبد الرحمن بن أحمد الزيلعي وهي المدرسة الصرفية، وكذلك ظهور مدرسة أخرى زهدية صوفية أُطلِقَ عليها الطريقة الزيلعية أو الجناح الزيلعي نسبة إلى الشيخ الزيلعي نفسه وهي جزء من سلسلة الطريقة القادرية على غرار مثيلتها الأويسية نسبة إلى الشيخ أويس بن محمد البراوي القادري رحمهم الله جميعاً، وهذا الاهتمام والعناية برزت جليةً عند الباحثين من أهل الصومال وغيرهم بحيث حرص الكُتّاب والباحثون على تناول تاريخ الزيلعي وأثاره العلمية والدعوية، وقد صدرت دراسات عدة حول تاريخ فضيلته وجهوده العلمية والأدبية على لغات مختلفة، ومن بين

هؤلاء سعادة الدكتور السيد علوي شريف علي آدم، وقد اعتنى الدكتور بتحقيق كتاب الزيلعي"حديقة التصريف"، وقد رتب عمله هذا بوضع مقدمة مفيدة حول تاريخ الشيخ عبد الرحمن الزيلعي وإنتاجه العلمي، صرّح فيها الشريف شغفه ميله إلى التراث الصرفي الذي خلّفه الزيلعي قائلا: "لا أدري متى بدأت اهتماماتي بالشيخ عبد الرحمن الزيلعي، وبدراسة مؤلفاته النثرية والشعرية. ويبدو أنها تعود إلى فترات متقدمة من عمري حيث كنت أحضر في الحلقات الدراسية والعلمية التي كانت تنتشر في ربوع الصومال، والتي كانت مؤلفات الزيلعي محورها، ومركز ثقلها، وموضع دراستها، وذلك في أواخر الأربعينات وأوائل الخمسينات من القرن العشرين الميلادي".

– ثانياً: الشيخ عبد الرحمن العلي:

وهو الشيخ عبد الرحمن بن الشيخ عمر العلي الأبغالي الورشيخي، أحد العلماء المشهورين في القطر الصومالي، وله مؤلفات عديدة، منها ما يتعلق بعلم الصرف مثل رسالته:

– "نثر الجواهر في قاعدة الصرف الفاخر".

وهي رسالة يتناول فيها المؤلّف علم الصرف وقاعدته، وذلك لتكون هذه الرسالة شرحا للامية الأفعال الصرفية المعروفة التي ألفها العلامة الإمام محمد بن مالك الطائي – رضي الله عنه – كما كان هدف المؤلف التسهيل على طلاب العلم والراغبين في هذا الفن. وكان أصل هذا الكتاب شرحا للامية الأفعال باللغة الصومالية للشيخ أدم بن محمد الصومالي ، ثم قام المؤلف بأن يحول هذا الشرح إلى اللغة العربية لتعمّ الفائدة جميع طلبة العلم المهتمين والمتخصصين في اللغة العربية

عامة والراغبين في تعمق فن الصرف ومتغيرات الكلمة العربية.

ومن هنا سمى المؤلف كتابه باسمين أحدهما: نثر الجواهر في قاعدة الصرف الفاخر، وهو الاسم الذي تحمله النسخة التي نعتمد عليها في بحثنا هذا. وثانيهما: التحفة السنية في قاعدة لامية الأفعال الصرفية. ويجدر بأن ننوه بأن المؤلف وضع كتابا واحدا في هذا المنحى وليس كتابين. وعلى أي الحال فإن المؤلف اشتهر بهذا الفن وصار من أعمدته وأركانه حتى رحمه الله من الذين يشار إليهم بالبنان ليس في القطر الصومالي فحسب ، وإنما في أنحاء أخرى من بلدان إفريقيا شرقا وبخاصة تلك المجاورة للصومال مثل كينيا وإثيوبيا وجيبوتي وتنزانيا وغيرها ذلك.

وبما أنه أصبح مشهورا بتفوق هذا الفن فقد قصد إليه راغبوا هذا الفن من طلبة العلم من أنحاء مختلفة في داخل بلاد الصومال وغيره إلى بلدة الشيخ المسماة بورشيخ أي حوض الشيخ المتأخمة لعاصمة الصومال مقدشو. والشيخ عبد الرحمن بذل جهدا مضنيا في هذا المنحى وكتابه هذا شاهد على ذلك حيث قام بشرح وافي للأمية الأفعال، إضافة إلى تهذيبه غاية التهذيب، وبسطه لتفهيم الطالبين وحل المشكل بسؤال وجواب حتى صار جامع القواعد وحاوي المقاصد. والكتاب طبع على نفقة بعض أحباب الشيخ المؤلف.

إذاً مما سبق يتضح بأن العلماء في حلقاتهم وأنشطتهم العلمية الأخرى كان كتاب لامية الأفعال لابن مالك في صدارة المصادر التي تدرس إضافة إلى شروحه مثل : البحر الكبير والصغير. بحيث كانوا يركزون على تدريسه وشرحه ونشره.

استمرار المدرسة الصرفية في بلاد الصومال:

تحدثنا فيما مضى عن رائدين من رواد الحركة الفكرية والعلمية في القرنين الأخيرين الذين أثروا في الحياة العلمية في المنطقة ليس من خلال حلقاتهم العلمية فحسب، وإنّما بتأثيرهم العلمي في حركة التأليف في علم الصرف.

وعلى هذه الشاكلة كان حال أهل العلم في الصومال، حيث كانوا ينشغلون بنشر رسالة الإسلام في المنطقة وإلى آفاق أخرى في منطقة إفريقيا الشرقية، وذلك من خلال التزاماتهم ومداومتهم على إلقاء الدروس العلمية من خلال حلقات كانوا يعقدونها في المساجد والزوايا، وأحياناً في بيوتهم، ورغم انشغالهم بالتدريس ونشر العلم فقد كان العلماء والفقهاء يقومون أحياناً إلى جانب ذلك بتأليف الكتب ووضع رسائل نفيسة تُسهل الصعب في بعض الفنون وتُقرب المعاني العبيدة لطلاب العلم، كما أشرنا من قبل.

وما قدمناه لا يعني بأنّ جهود أهل الصومال في علم الصرف تتوقف على هذين العالمين فحسب، لم تخل الساحة العلمية من أمثالهم الذين كانت تُعتبر جهودهم وحلقاتهم العلمية بمثابة دراسات عليا، وهم لفيف من العلماء نلقي بعض الضوء على جوانب من حياتهم العلمية، ومن هؤلاء:

– فضيلة الشيخ علي حاج إبراهيم

وهومن مواليد عام ١٩٠٥م في بادية الإقليم الشمالي الشرقي في مكان يسمى "لانتا جبه" بمعنى غصن السدر أو غصن السؤدد فسمي بذلك الاسم، لأن تلك الشجرة كانت الوحيدة من نوعها في هذا المكان وقتئذ والمعروف أنّ الشيخ علي حاج اشتهر بالتأليف والابداع، ومن بين مؤلفاته كتاب:

– "المرشد فيما مر في المعارف الصومالية في الإقليم الشمالي من المعارك العلمية والمناظرات الدينية".

وقد عرض المؤلف في كتابه الأوضاع العلمية التي كانت يتمتع بها القطر الشمالي من بلاد الصومال، وما جرى فيه من الحركة العلمية، وبعض المناظرات في المسائل الدينية ولاسيما فيما يتعلق بالأمور العقيدة والتصوف، والأحكام الفقهية.

وقد تحدث المؤلف عن عدة من المسائل العلمية، ومن بينها مسائل تتعلق بعلم النحو والصرف، مستخدماً بأسلوب سؤال وجواب[1].

– "القلائد المتنورة في العلوم المتنوعة".

ولفضيلة الشيخ علي حاج إبراهيم كتاب آخر" القلائد المتنورة في العلوم المتنوعة" الذي تناول فيه علم النحو والصرف بالإضافة إلى بعض علوم العربية الأخرى كفنون الأدب العربي[2].

ومما يدل على اهتمام الشيخ علي حاج إبراهيم بهذا العلم أنه قام بنسخ كتاب "فتح اللطيف شرح حديقة التصريف" للشيخ عبد الرحمن الزيلعي، وقد حصل الفراغ من نسخ الكتاب يوم الخميس في ٢٨ محرم ، عام ١٣٥٤هـ، رحمهم الله جميعاً.

– الشيخ قاسم بن محي الدين البراوي:

يدعى شمس الدين الشيخ قاسم بن محي الدين البراوي نسبة إلى مدينة براوه الساحلية في جنوب بلاد الصومال، وكان عالما لغويا وشاعرا أديبا اشتهر بشعر الخماسات، حيث كان يخمس الشعر وقصائد شيوخه مثل قصائد شيخه الشيخ

---

[1] والكتاب يقع في ١٣٨ صفحة وطبع عام ١٣٩١هـ الموافق ١٩٧١م بمقديشو بدون ذكر المطبعة.

[2] الكتاب طبع عام ١٣٩١هـ الموافق ١٩٧١م بدون ذكر مكان الطبع واسم المطبعة.

أويس بن أحمد. وهذه الميزة جعلته يؤلف بعض رسائل في مجال اللغة والأدب والصرف، ومما ألف في علم الصرف كتابه: -"يوم من الصرف".

تناول الشيخ قاسم البراوي في هذا الكتاب علم الصرف بطريقة مبسطه، ولعلّه أعد لطلابه الذين كانوا حوله لرفع مستواهم اللغوي في وقت قصير بطريقة سهلة خاصة طلبة العلم الجدد، كما تناول الشيخ قاسم البراوي في كتابه بعض أمور الدينية المتعلقة بتعاليم الإسلام ومبادئه(١).

– الشيخ محمد معلم حسن:

وهو أبو عبد الرحمن الشيخ محمد معلم حسن اشتهر في الساحة الصومالية الدعوية منذ بداية السبعينات في القرن المنصرم، وله فضل كبير في رفع المعنيات للشباب في وقت كانت الاشتراكية في عنفوانها. ورغم أنّ الشيخ محمد اشتهر بنشر الدعوة الإسلامية والحلقات التي كان يدرس فيها تفسير القراءن الكريم.

وكان الشيخ – تغمده الله برحمته الواسعة – إلى جانب ذلك يولي اهتمامه بعلم الصرف حيث كان يعقد في بيته حلقة للصرف لبعض طلابه في بداية الثمانينات بعد إفراجه من السجن عالم ١٩٨٢م تلبية لطلب بعض طلابه. وجهود الشيخ في علم الصرف لم تقتصر على ميدان التدريس فحسب بل كانت مكللة بالتاليف فيه كذلك حيث ألّف في علم الصرف رسالة سمّاها بـ "التبيان في قواعد تصريف الأفعال ".

وهذا الكتاب تناول فيه الشيخ علم الصرف بشرح علمي بطريقة سهلة ومبسطة.

---

(١) قام السيد باز بن الشيخ قاسم بطبع الكتاب في عام ١٩٦٩م في ألمانيا. نور الهدى، ، على نفقة السيد محمد صوفي.

والرسالة عموماً تدور حول علم الصرف وتصريف الكلام ومسائل عامة تتعلق باللسان العربي ككل. وقد طبعت الرسالة في مقديشو بتحقيق الأخ الدكتور محمد ديرية صبرية، بإخراج حسن، مع وضعه مقدمة مفيدة حول سيرة الشيخ وأثره العلمي والدعوي[1].

– علي عبد الله محمود:

أحد المثقفين الصوماليين المهتمين بالمعرفة والثقافة بالإضافة إلى كونه اشتهر باقتناء الكتب العربية قراءة وجمعا، ومن هنا لا يستغرب أن يبرز في مجال الثقافة العربية سيما في النواحي اللغوية والأدبية.

والسيد علي عبد الله محمود إلى جانب هذا الاهتمام والحرص على القراءة فإنه يقرض الشعر ودروبه في مختلف مناحيه وأقراضه، بل وله أشعار كثيرة لم تر النور حتى الآن. وإلى جانب هذا الاهتمام اللغوي الكبير فإن السيد علي استطاع أن يؤلف رسالة لها علاقة بعلم الصرف سماها بـ" كتاب الصرف "

وهذا الكتاب يتناول – كما يبدوا من عنوانه – علم الصرف من حيث التصريف في الكلمة العربية.

والكتاب غير مطبوع ومحتفظ لدى مؤلفه ، كما ذكر ذلك الأخ ياسين عبد الرزاق القرطاوي صاحب كتاب" دخائر النخبة في علماء شرق إفريقيا".

[1] طبع بمقديشو – الصومال، عام ٢٠٢٠م، بالتعاون مع الأستاذ أنور أحمد ميو.

- **فضيلة الدكتور الشيخ أبوبكر حسن مالن:**

أحد العلماء الشباب الذين قدر الله لهم أن يتربعوا على كرسي العلم والمعرفة ويتقنوا بعض فنون العلم، وبخاصة اللغة العربية وفنونها المختلفة، وكذا الفقه الشافعي المشهور في القطر الصومالي. وفضيلة الدكتور أبو بكر له عدة مؤلفات، ومن بينها كتابه:

- "الغيث الهطال شرح لامية الأفعال".

وهذا الكتاب عبارة عن شرح مفيد لكتاب لامية الأفعال لجمال الدين محمد بن مالك الطائي. وقام الشيخ أبوبكر بشرح اللامية الأفعال شرحاً يذلل صعابها ويحلل ألفاظها ويبين مرادها، ويظهر مكنونها ويعرب مشكلاتها.

استهل كتابه هذا بترجمة موجزة مفيدة حول للشيخ جمال الدين بن مالك تضمنت اسمه ومولده وأسرته ورحلاته العلمية ومكانته العلمية عند العلماء.

ويمتاز هذا الشرح عن غيره من الشروح بكثرة الضوابط والقيود والقواعد التي لم يعتن بها بعض من قام بشرح الكتاب مما هو موجود في بطون الكتب المتقدمين والمتأخرين، ككتاب سيبويه، وما ليس في كلام العرب لابن خالويه، وشافية ابن الحاجب وشرحها لرضي الدين، والمقصود المنسوب للإمام الأعظم النعمان بن ثابت أبي حنيفة، وكتاب تلخيص الأساس وشرح سعد الدين التفتازاني على مختصر التصريف ومفردات ألفاظ القرآن للراغب الأصفهاني وغيرها.

ويلاحظ بأن دور الشارح اتسع إلى أن جمع ما تفرق في هذه الكتب وغيرها حتى جاء هذا الشرح المفيد درّة ثمينة وجوهرة غالية؛ حيث استعمل صاحب الشرح فيه الأسلوب السلس، وتحاشى فيه الغموض الذي ملأ بعض الشروح الأخرى،

والكتاب يقع في ١٥٢ صفحة[1].

– الشيخ محمد محمود عطور الخاشع:

فضيلته من المشهورين حديثا بعلم الصرف، وقد شرع في تأليفه في وقت مبكر، فوضع رسالة علمية في علم الصرف، وسماها:

– "كشف الأسرار عما في الصرف من القواعد والأفكار".

وهو كتاب رائع، وطبع في القاهرة، وعدد صفحاته يصل إلى ٩٤٦ صفحة، وبالفعل يكشف عن أسرار كثيرةٍ تتعلق بعلم الصرف كصرف الأوزان، وصرف الإعلال، وغيرهما. والكتاب له عدد عدة مميزات، مثل باب نون التوكيد بحيث يفند يذكر حوالي ٧٢٠ صورة من صور نون التوكيد. ومن ذلك باب شهرة الضمة وشهرة الكسرة ويأتي المؤلف بحوالي ١٧٠ فعل مع أمثلتها، أما شهرة الضمة، يورد الكتاب ٢٣٠ فعلاً مع أمثلتها. فقد استشهد المؤلف في ضرب الأمثلة بآيات قرآنية، وأحاديث نبوية، وأبيات من الشعر العربي.

– الشيخ محمد أحمد عينب:

أحد الكتاب المجتهدين يهتم باللغة العربية وفنوها المختلفة، وهو من أهل منطقة غلدغب Goldogob في إقليم مدغ. وقد قام بشرح كتاب الشيخ عبد الرحمن الزيلعي "نظم تلخيص المفتاح" وهو كتاب تناول فيه مؤلفه علم البلاغة. والشيخ

---

[1] طبع بمركز الأهرام بمقديشو – الصومال بتاريخ ١٤٢٧هـ ، بطبعته الثالثة، وقد طبع الكتاب عدة مرات في داخل البلاد وخارجها منذ عام ٢٠٠١م، وهذه الطبعة تمتاز بالثوب الجديد، والغلاف الأنيق، وذكر بعض المراجع في الهامش، وتصحيح بعض الأخطاء المطبعية، وتهذيب العناوين وخط الكتاب.

محمد أحمد عينب قام أيضاً بشرح كتاب "حديث التصريف" للشيخ عبد الرحمن الزبلعي وشرحه الأخير الذي نحن بصدده فهو مطبوع ويسمى بـ:

– "التعليق اللطيف على حديقة التصريف(١)".

وقد قام الشارح بتقييدات شريفة، وتعليقات لطيفة، على أرجوزة الشيخ العلّامة عبد الرحمن بن أحمد الزبلعي في علم التصريف المسماة بحديقة التصريف، تحلّ عباراتها وتقرّب معانيها مع اختصار في العبارة ، وسهولة في المأخذ. واعتمد الشارح في شرحه على شروح اللامية كشرح العلامة محمد بن عمر المشهور ببحرق، وشرح العلامة محمد بن محفوظ الشنقيطي، وشرح الشيخ صلاح بن محمد البدير، وما تيسّر من كتب التصريف الأخرى.. وفي ذلك قال الشارح: " .. وليس لي في هذه التعليقات من غير الجمع إلا قليل فتح الله به علينا".

– الشيخ محمود شيخ عبد الله علمي:

الشيخ محمود شيخ عبد الله علمي المشهور "بشيخ محمود نحو" داعية وعالم ومؤلف، من أهل برعو، غير أنّه استقر في الآونة الأخير في مدينة هرجيسا، وكان أبوه فقيها شافعيا وخطيبا مفوها في جامع برعو، وكان من طلبة الشيخ محمد محيي الدين معلم مكرم الملقب بالنووي الثاني رحمهم الله جميعاً.. ومهما كان الأمر فإنّ الشيخ محمود شيخ عبد الله – حفظه الله – كاتب ماهر، وما زال يقوم بتدريس علم الصرف، وقد قام بشرح حديقة التصريف، وله رسائل علمية أخرى وضعها في علمي الفرائض والنحو، وأغلب كتبه غير مطبوعة. وله:

– "شرح خاص لكتاب حديقة التصريف".

____

(١) مكتبة الوديان، ط/١، عام ١٤٤١هـ/٢٠٢٠م

إن الأمثلة والنماذج حول مَن خدم علم الصرف في ربوع بلاد الصومال الكبير من المدرسة التقليدية، وكذا إنجازاتهم العلمية من حيث التأليف والشرح أو التبسيط والاختصار وما إلى ذلك ليست قاصرة على ما سبق ذكره فحسب بل إن هناك الكثير من تلك الإنجازات التي يطول ذكرها في هذا الموجز وعلى هذه العجالة.

ومن هذه الإبداعات العلمية لأهل العلم وطلابهم في ميدان الصرف وأبنيته ما قامت به كوكبة من أولئك مثل:

– السيد أحمد محمد مري (هبر يونس):

السيد أحمد محمد درس العلم على أيدي علماء أجلاء، ومن بينهم فضيلة الشيخ محمد معلم حسن؛ حيث كان يواظب على الحلقات العلمية في مقدشو، وأعطى اهتمامه بالعلوم العربية حتى وضع فضيلته شرحا وافيا لكتاب لامية الأفعال سماه بـ:

– "تدريب الأشبال في تسهيل قواعد لامية الأفعال".

والكتاب مازال مخطوطاً وفي طريقه إلى المطبعة.

– الشيخ محمد حسن طه السعدي:

وهو الشيخ محمد حسن طه الوسيليّ Wisil السعدي، وهو مدرس أعطى اهتماماً كبيراً بالحلقات العلمية ، ومن ثمرة ذلك الاهتمام أنه شرع في تأليف رسالة لطيفة في فن الصرف أطلق عليها:

– "القواعد المباركة السنية في خلاصة علم الصرف".

وهذه الرسالة تم طبعها في مدينة مقدشو، في طبعتها الأولى عام ١٤٣٥هـ.

– الشيخ بشير أحمد آدم العيري:

هو أحد العلماء المهتمين بالعلوم الدينية كعلم القرآءات والتجويد، والفقه وأصوله، وعلم اللغة من نحو وصرف، وغير ذلك. وقد درس العلم على أيدي علماء بارزين، ومن بينهم فضيلة الشيخ الدكتور أبو بكر حسن مالن.

والشيخ بشير فقد أعطى اهتماماً خاصاً باللغة العربية بحيث يقوم بتدريسها في الحلقات العلمية في المساجد والزوايا، وقام الشيخ أيضا بشرح كتاب لامية الأفعال لاين المالك ، وسماه ب:

– "مفتاح الأقفال شرح لامية الأفعال"

وقد قسم شرحه هذا إلى قسمين:

– مفتاح الأقفال (المستوى الأول).

– مفتاح الأقفال (المستوى الثاني).

والأخير مطول وبذل المؤلف فيه جهدا جبارا في شرحه وتبسيطه. ويقوم الشيخ نفسه بتدريس الكتاب في حلقاته الخاصة. أما المستوى الأول فقد أعدَّ المؤلّف للمبتدئين في فن الصرف، والكتاب طبع بطبعته الأولى بالقاهرة.

ولا غرابة في أن يظهر الشيخ بشير بهذا المستوى العلمي وبهذا الجهد الكبير، لأنه ينحدر من أسرة دينية علمية، وأخوه علي أحمد آدم لغوي حاذق ، وقد قام بشرح متن كتاب الأجرومية في علم النحو. كما أنّ له أخاً آخر صاحب مكتبة علمية في مقدشو، وهذا يأخذ دوراً مهماً في إثراء الحياة الثقافية والعلمية والفكرية للمجتمع.

.

- الشيخ الدكتور عبد الشكور معلم عبد فارح

وهو شاب نشط في ميادين العلم والمعرفة، وله رسالة لطيفة في علم الصرف، سماها
بـ:

- "الصرف الميسّر تقريب لامية الأفعال لابن مالك".

وقد عرض المؤلف كتابه هذا بأسلوب عصري مع أمثلة وجداول وتدريبات بغية
تسهيل الكتاب لطلبة العلم، مع تلخيصه لأهم قواعد علم الصرف كما رتبها الإمام
العلامة ابن مالك رحمه الله في منظومته الشهيرة " لامية الأفعال" وبإضافات مهمة،
لما لمسه من الحاجة الملحة إلى تقريب وتوضيح قواعد هذا العلم الذي يعتبر ركنا
أساسيا من أركان اللغة العربية على نحو يحقق الفائدة المأمولة. وذكر المؤلف في
مقدمة كتابه بأنّ هدفه إنّما هو تسهيل هذا العلم وقواعده المعروفة لتكون في متناول
القراء على اختلاف مستوياتهم، لا سيما طلبة العلم ومحبي هذا الفنّ.

وبعد عرض الكتاب اختتم المؤلف ١٦ قاعدة من قواعد صرفية مهمة بطريقة
موجزة، والهدف من ذلك تسهيل فهم هذه القواعد وحفظها. وصدرت الطبعة
الثانية للكتاب في دار العلم والنشر والتوزيع بالقاهره ، عام ١٤٤٢هـ/ ٢٠٢١م.

- محمود حنبل حاج عبد السلطان

شاب طموع ونشط، ترعرع في إقليم هيران مع أسرة مشهورة بالدين والخلق والعلم،
وفي ريعانة شبابه كان يتردد على حلقات المساجد ومجالس العلم والأدب، ثم انتظم
إلى ما يسمى بالتعليم النظامي. وضع كتاباً في علم الصرف، مما يدل على تمكنه
وتفوقه في هذا الفنّ، وكيف لا، وهو ينحدر من قبيلة من آل الحسن المشهورين بهذا
الفن. ويحمل كتابه اسم:

- "الإيضاح في علم التصريف".

فقد وجدته كتاباً يتناول بعمق أبواب علم التصريف، جزل العبارة، واضح الإشارة، خال من الحشو والتكلف والتكرار والتطويل، وهذا مما يقرب فهم الكتاب لطلبة علم التصريف، ويُسهّل حفظه للمتعلمين، فمن حفظ القواعد حاز الأصول وفاز بالوصول، وقد أكثر المؤلف في الكتاب الأسئلة والأجوبة والجداول ليفهم المبتدئ، ويستحسن المنتهى المتمكن، وذيّل في بعض المواضع فوائد ونكتاً رأها المؤلف بأنها تنفع، وقد جمع المؤلف مادة كتابه من أمهات المراجع والمصادر في هذا الفن خلال تدريسه للغة العربية في الحلقات العلمية والمدارس النظامية، كما رتب ترتيبا مقاربا لترتيب قصيدة لامية الأفعال المشهورة للعلامة ابن مالك الأندلسي.

والكتاب رغم صغر حجمه إلا أنه يشمل مقدمة وخمسة أبواب من أبواب علم التصريف، كـ"باب الفعل المجرد وأوزانه، وباب الفعل المزيد وأنواعه، وباب الفعل المضارع والأمر، وباب أوزان المصادر، وأخيرا باب الأسماء المشتقة وأقسامها"، وتقع هذه الرسالة اللطيفة ١٢٠ صفحة، وطبع عام ١٤٣٣هـ الموافق عام ٢٠١٢م بالقاهرة — مصر، بدار الفكر العربي. والكتاب يصلح لأن يتم تدريسه في المدارس والمعاهد وحلقات المساجد وأروقة العلم، والكتاب — كما يرى المؤلف نفسه — ما هو إلا ثمرة لجهوده من ميدان عمله وهوايته.

- السيد خالد بن عبد الله:

اجتهد كثيرا في العلوم العربية، ونهل من مناهلها، وتتلمذ على أيدي علماء أجلاء، كما لزم مع أستاذه السيد مهد حاج شكري. وعند ما استوى ساعده شرع في

إصدار رسالة صغيرة تناول فيها فن الصرف بطريقة بسيطة سهلة ، مع تعليقات مفيدة وميسرة، وقد أطلق على رسالته:

- "مفتاح الغلف في فن الصرف".

وهذه رسالة كما ذكر واضعها "رسالة في علم التصريف، صغيرة الحجم، جُمعت من كتب هذا الفنّ ..."، والرسالة طبعت طبعتها الأولى في عام ١٤٤٢هـ/ ٢٠٢١م، دار العلم للنشر والتوزيع، القاهرة.

- الشيخ هارون بن عبد الرزاق:

وبعد أن ألف الشيخ هارون بن عبد الرزاق الأزهري كتابه الذي سماه: "عنوان الظرف في علم الصرف" قام أبو الفضل محمدبن بن هارون بشرح الكتاب، كما اعتنى بإخراج الكتاب بشير محمود محمد. ورسالة الشيخ هارون بن عبد الرزاق المسمى بـ "عنوان الظرف في علم الصرف" رسالة مهمة رغم أنّها صغيرة الحجم، إلا أنّها مفيدة جدا ، وسهلة الفهم، رتبها مؤلفها على مقدمة وثلاثة أبواب، وطبعت طبعتها الأولي عام ١٤٣٧هـ الموافق عام ٢٠١٦م.

- الشيخ عبد الله حاج عبد السلطان:

الشيخ عبد الله حاج عبد السلطان الحسني، ينحدر من أسرة ذات دين وشرف، وينتمي إليها كوكبة من العلماء الذين حملوا لواء العلم والمعرفة في منطقة القرن الإفريقي، ومنهم أخوه صاحب السماحة والفضيلة الشيخ عمر فاروق حاج عبد السلطان رحمه الله. والشيخ عبد الله حاج عبد السلطان، تلقى العلم على أيدي علماء أسرته، ثم رحل لطلب العلم إلى منطقة الحجاز، والتحق بجامعة أم القرى وتخرج فيها، وبعد فترة استقر في شمال أروبا وخاصة دولة السويد، وله دور في نشر

العلم والمعرفة في صفوف الجالية الإسلامية بما فيها الجالية الصومالية. ورغم أنّ الشيخ عبد الله متبحر في أكثر من فن إلا أنّه اقتصر على العناية بالصرف وعلومه فكتب حول أبنية الصرف وأوزانه. والشيخ من المدرسة الطومودلي المعروفة في قطرنا الصومالي والمهتمة بعلم الصرف، وكيف ما كان الأمر، فإن الشيخ عبد الله وضع رسالة لطيفة، سماها بـ "روح الصرف".

ويلاحظ أنّ مؤلف الكتاب عرض كتابه على شكل جدول أو رسوم بيانية تشكل خريطة ذهنية، والكتاب خلاصة أو مدخل لعلم الصرف وفق قواعد لامية الأفعال لابن المالك، وهذا الكتاب جدير بالحفظ والعناية، وقد ذكر الكاتب في خاتمة كتابه بأنّه بحث " ضحى الترصيف في فنّ التصريف، وسميته روح الصرف يسري كالماء في العود الحضر – في روح العاقل ، ويقبل معها في الرواح ليتلبد الفقه وينتعش نزهة الفكر في روضات الوحي..."، ثم ختم كتابه في بوح سنده لهذا العلم من المدرسة الصرفية المعروفة في منطقة طومودلي في غرب الصومال فقال:

" ... سمعنا هذا الفن عن الشيخ سيد عمر الفاروق عن شيخه سيد محمود شافع عن شيخه سيد شيخ مصطفى عن أبينا سيد حاد عبد السلطان عن شيخه سيد حاج عبدله شيخ شجرة طومودلي".

والكتاب مطبوع، ومنشور إلكترونيا في الشبكة العنكبوتية، كالخزانة الصومالية.

– عبد القادر أحمد كابح:

السيد عبد القادر أحمد كابح عالم لغوي يهتم باللغة العربية، ومن جهوده أنّه أصدر عدة كتب عبارة عن سلسلة دورس في النحو والصرف، ومنها:

– "الصرف للمبتدئين".

وكتاب "الصرف للمبتدئين" جزء من سلسلة دروس النحو والصرف التي أبدع فيها الكاتب، وهو الكتاب الخامس، وكما يبدو من عنوان الكتاب فإن المؤلف قد أعدّ كتابه هذا للمبتدئين في دراسة علم فنّ الصرف ،. والمؤلف قد تناول في الكتاب ١١ باباً من أبواب علم الصرف بعبارات سهلة ومناسبة للطلبة المبتدئين في هذا المجال، ليكون مدخلا مناسباً لهم. وقد أنهى كتابه في شهر ديسمبر عام ٢٠١٩م، وهو متوفر بنسخة إلكترونية في الخزانة الصومالية.

– الشيخ عبد الرزاق محمد نور:

أبو أمين، عبد الرزاق محمد نور الإسحاقي كان يلتزم في بدايات حياته العلمية بالحلقات العلمية في مقديشو وغيرها، وبخاصة حلقة الشيخ أحمد نور الشيخ محمود الشيخ إبراهيم القطبي الشيخالي الساكن في راسو في غرب الصومال، وحلقة الشيخ موسى معلم حسن عينتي المرسدي، وغيرهما، ولما كوّن نفسه علمياً أصبح الشيخ عبد الرزاق عضواً في هيئة الدريس في جامعة شمس العلوم بهرجيسا.

وفيما يتعلق بالتأليف والابداع، يظهر أنّ الشيخ عبدالرزاق أعطى اهتماماً خاصة باللغة العربية، وألف كتاباً سماه بـ "التبيان في علم البيان" تناول فيه علم البلاغة وخاصة قسم البيان.

أما علم الصرف فقد قام الشيخ بتحقيق ودراسة كتاب "فتح اللطيف شرح حديقة التصريف" الذي ألفه الشيخ عبد الرحمن بن أحمد الزيلعي، والكتاب مطبوع ومتوفر في الأسواق، وقد فرغ من إنجاز تحقيقه ودراسته في منتصف عام ٢٠١٦م.

في نظري أنّه من الصعب حصر كل الإنجازات العلمية التي تمت على أيدي العلماء وطلابهم فيما يتعلق بعلم الصرف وخدمته، وخاصة إذا عرفنا بأنّ بعض هذه

المؤلفات لم تخرج إلى النور بعد، كما أنَّ بعضاً منها ضاع من أصحابها، ويكفي أن نشير إلى أمثلة من ذلك مثل:

– الشيخ عبد الله معلم القطبي:

فضيلة الشيخ عبدالله بن معلم يوسف المشهور بالشيخ عبد الله القطبي كان مجتهداً بنشر تعاليم الإسلام وكان يطوف في أرجاء بلاد الصومال الكبير حتى توفاه الله، وإلى جانب زهده كان شاعراً ومؤلفاً، وله عدد كتب أغلبها في التصوف مثل:

– "أنيسة العاشقين في تذكرة المحبين".

– "المجموع".

هو كتاب يحوي خمس رسائل مطولة (عقيدة أهل السنة والجماعة، سراج الظلام في سلسلة السادة الكرام، تحذيرات بليغة تسمى بالسكينة الذابحة على الكلاب النابحة، نصر المؤمنين على المردة الملحدين مع بقية أحكام الدين، أنيسة العاشقين في تذكرة المحبين).

هذا الكتاب ضخم وقد ملأ المؤلف فيه فوائد متنوعة على قالب النثر والنظم، وطبع الكتاب في القاهرة بمطبعة المشهد الحسيني على نفقة الشيخ فقيه بن شيخ محمد أبي بكر القادري.

– كتاب "الصرف": والكتاب غير مطبوع، بل ما زال مخطوطا في مرقد ومركز الشيخ بقلنقول.

الشيخ عبد القادر محمد آدم المشهور بشيخ عبد القادر عكاشة:

– "شرح لامية الأفعال لابن المالك في علم الصرف".

على حد علمي كان ينوي فضيلته القيام بشرح كتاب لامية الأفعال لابن مالك، وكان لديه بعض المسودات في مراحله الأولى بحيث كان يعتزم السير نحو تحقيق أمنيته في إخراج الكتاب. ولا يستغرب أن يقوم فضيلة الشيخ عبد القادر بشرح كتاب مهم في علم الصرف كلامية الأفعال، لأنّ فضيلته تبحر في هذا العلم بعد أن اشتغل في تحصيله حتى صار ملماً، وقد تتلمذ على أيدي كبار العلماء المتخصصين في هذا الفن، مثل الشيخ نور الدين حورشو المشهور بشيخ ورعدادي Warcadaaday الأبغالي، والشيخ عبد الرحمن الشيخ يوسف (طوب) الأغاديني المعروف بشيخ عبد الرحمن صرفيلي، بحيث تلقى منه كتاب الصرف والكواكب، كما تلقى من حلقة الشيخ حسين الأبغالي الورشيخي كتاب قطر الندى وبلّ الصدى، وجوهر المكنون في علم البلاغة، والشيخ محمد الأغاديني في مسجد يقع في حي وابري ودرس عليه كتاب الألفية لابن المالك، وأخذ من الشيخ محمد الهادي الحسني النحو والصرف، ودرس علي يديه كتاب الألفية في مدينة نيروبي بكينيا وفي مقدشو بالصومال.

– الشيخ علي محمد صالح:

وهو فضيلة الأستاذ الدكتور الشيخ علي محمد صالح عبد الله العزاني، أكاديمي وباحث وصاحب مؤتمرات دعوية محلية وعالمية، بين الجاليات المسلمة وغير المسلمة، وله حلقات علمية في أكثر من فن كالتفسير الذي كرّره مرات عدّة مختصرا ومطولا، والفقه وأصوله وقواعده، والحديث وعلومه، واللغة العربية وآدبها، والعقيدة والفرق والأديان، والسيرة وتأريخ الصحابة والتابعين في دروس متداولة ومسجلة صوتيا ومرئيا. تربى وترعرع في مدينة مقدشو، والتزم الحلقات العلمية التي كانت في المساجد والبيوت الخاصة في مقدشو وبيدوا ومدينة هبيو.

وبعد اتمامه الدراسة النظامية رحل إلى كلٍ من المملكة العربية السعودية ودولة ماليزيا و كذلك مصر طالبا للعلم، وتخصص في الحديث والدّراسات الإسلامية في كلية الحديث في الجامعة الإسلامية بالمدينة المنورة، وهو مجاز في علوم الحديث وبعض القراءت عن طريق الحلقات، كما أنه تخصص في مقارنة الأديان التي يحمل منها شهادة الدكتوارة من الجامعة الوطنية في سيلانغور الماليزية سنة ٢٠٠٠. عمل الدكتور محاضرا ومديرا وعميدا في برامج التوأمة بين الجامعات الماليزية والجامعات الأردنية كما أدار معهد اللغة العربية للناطقين بغيرها في نفس البرنامج.

وفضيلته وإن اختار النرويج مقاما فإنه لم يزل على اتصال بتلك الجامعات عن طريق إشراف ومناقشة الرسائل العلمية؛ الماجستر والدكتوراة. وهو الآن إمام وخطيب مركز التوفيق الإسلامي في أوسلو، النرويج، وله نشاط متواصل وجولات دعوية في أكثر من مركز علمي وثقافي في العالم، ، حفظه الله.

ولفضيلة الدكتور علي محمد صالح عدة مؤلفات باللغتين الإنجليزية والعربية ما بين مطبوع ومخطوط في الأديان والحديث والفقه والعقيدة والفكر الإسلامي. غير أن الذي يهمنا من تلك المؤلفات ما لها صلة بعلم الصرف الذي نحن بصدد الحديث عنه. وهو كتابه في علم الصرف والمسمى ب "إيجاز المقال في لامية الأفعال".

هذا الكتاب ما زال مخطوطاً وبحوزة مؤلفه، وهو عبارة عن تعليقات ترمي إلى تفكيك وتبسيط أبيات لامية الأفعال بطريقة موجزة. والهدف منها تسهيل هذا الفن وتقريبه لأذهان طلبة العلم ليستوعبوا مقصود الناظم ومراده من الأبيات بكل يسر وسهولة. وقد فرغ المؤلف من تأليف كتابه هذا يوم الإثنين في الثاني عشر من رمضان لعام ١٤١٢ الهجري الموافق ل ١٦ من الشهر الثالث مارس من العام ١٩٩٢ الميلادي.

– عامر أحمد ميو:

كاتب ومؤلف وله عدد من الرسائل العلمية، منها ما هي خاصة باللغة العربية وأدابها، مثل "تيسير الصياغة في علم البلاغة"، وهو أخ للباحث الصومالي المعروف الأستاذ أنور أحمد ميو – صاحب المؤلفات الفريدة –وللأخوين مؤلف مشترك تناولا فيه الأشعار في الأمثال والحِكم العربية. والأستاذ عامر له جهود مضنية فيما يتعلق بمناهج اللغة العربية لبعض المدارس الأساسية في كينيا، وهو مصحح لغوي.

أما جهوده في علم الصرف الذي نحن بصدده، فإن له كتابا أطلق عليه:

– "إتحاف الظريف بدروس سهلة من علم التصريف".

وهذه الرسالة أراد مؤلفها تسهيل هذا الفن لطلبة العلم ، وهي في طريقها للطبع والنشر لترى النور قريباً إن شاء الله.

– الشيخ محمد الهادي قاضي محمد قاضي حبيبت أبو بكر:

وهو عالم من علماء الصومال البارزين وفقهائها، وقد بدأ التأليف في عمر مبكر، وكان إلى جانب كونه من أهل العلم والتأليف، أديبا وشاعرا وله قصائد وأشعار في مدح النبي صلى الله عليه وسلم والروحانيات عموما مما ينم عن ميله إلى التصوف.

والحق يقال فإن أشعاره وكتاباته تدل على أنه كان – رحمه الله – شاعرا متمكنا ولغوياً بليغاً وذا لسان فصيح. وقد أنجز بعض الرسائل العلمية، ومن ذلك:

– "أمالي شريف يوسف بن شريف محمود الحسني في شرح لامية الأفعال بالعربية".

وهو كتاب يتناول علم الصرف من خلال مجالس الشيخ شريف بن يوسف بن شريف محمود وشرحه لكتاب لامية الأفعال بالعربية.

ونستطيع أن نُعدّ هذه الرسالة ضمن أهم الجهود العلمية وبخاصة في علوم الصرف وشروحه التي تحققت على أيدي العلماء من أهل الصومال، غير أنه من المؤسف فقدانها بحيث ضاعت قبل طباعتها نتيجة الانهيار الذي حصل في بلاد الصومال عقب الحروب الأهلية. وقد أكد لي نجل المؤلف وهو الكاتب والأديب والشاعر القدير الأستاذ محمد الأمين محمد عبد الهادي بأنه اطلع على الكتاب عندما كان في الصومال، وقال: " كان المخطوط الذي اطلعت عليه هو بخط الوالد وكان يدرسني من هذه المخطوطة ولكنها لم تعد موجودة".

ومهما كان الأمر، فالشيخ محمد الهادي رحل إلى بلدة بارطيري الزراعية قادماً من مدينة برواه الساحلية لطلب العلم ليس إلّا. وعلى الرغم من أنّ بارطيرى كانت تشتهر بحلقاتها الفقهية المتنوعة إلا أنّه إلى جانب ذلك كانت هناك أيضاً حلقات أخرى في علم الصرف والتي كان رائدها الشريف يوسف البارطيرى الذي كان يدرّس كتاب لامية الأفعال لابن مالك تحت شجرة معروفة لدى أهل بارطيرى، لأنّ الشريف يوسف كان يرفض أن يجلس للتدريس في حلقات المساجد.

ومن هنا كان كتاب " أمالي الشريف " ثمرة ما دوّن الشيخ محمد الهادي من حلقة الشريف الصرفية وملاحظاته العلمية بصياغة الشيخ محمد الهادي من منطلق شرح شيخه لكتاب لامية الأفعال لابن مالك.

للشيخ محمد الهادي أيضاً كتاب آخر في تعليم اللغة العربية أطلق عليه: "الإرشاد لمن يريد النطق بالضاد".

- الشيخ عبد الرحمن معلم أبوبكر المشهور بمعلم عبد الرحمن:

الشيخ عبد الرحمن معلم أبو بكر من مواليد منطقة جلجدود عام ١٩٤٣م، وتعلم القرآن الكريم على يد والده معلم أبوبكر وحفظ القرآن في صغره، ولما أتقن القرآن قام على وظيفة معلّم للقرآن الكريم في كل من قرية أشراف وقرية بورعكر التابعة بمنطقة فير فير في الأراضي التي تحتل إثيوبيا، وكذا في منطقة جلجدود، وطلب العلم في مدينة بلدوين في إقليم هيران، بحيث تعلم العربية وتخرج على يد فضيلة الشيخ عمر شيخ أحمد الحسني. والشيخ عبد الرحمن معلم أبو بكر له إسهامات في نشر فنّ الصرف وقواعده، كما أسهم في تدوين هذا الفن وتدرسيه، وقد توفى فضيلته رحمه الله عام ٢٠٠٠م في مقديشو — الصومال.

- كتاب مخطوط في الصرف (شرح لامية الأفعال).

هذا الكتاب عبارة عن شرح لكتاب "لامية الأفعال" للإمام ابن مالك ، وقد قام بنقل المخطوطة وكتابتها على الآلة الكاتبة لتجهيزها للطباعة كل من المهندس الشيخ عبد الله حاج عبد سلطان، والأستاذ أنور أحمد ميو.

وبعد هذا العرض، يجدر بالإشارة إلى أننا نلاحظ أنّ المؤلفات الصرفية التي أنجزها علماء الصومال سلسة وسهلة التناول بحيث حاولوا بقدر الإمكان مراعاة السهولة في المنهج، والتيسير في تناول القضايا الصرفية، واختيار الأساليب غير المعقدة والمكلفة، مع الابتعاد عن اختيار الأمثلة الصعبة التي لا تخدم الطلبة ونجحوا في عرض عرضوا القواعد التقليدية بأسلوب سهل خال من التقعيد دون المساس بروح القاعدة الصرفية المعروفة عند عرضها. وهذا ما جعل غالبية رسائل العلماء السابقين خالية من تعقيد الأسلوب والإبهام.

فنّ الصرف وحلقاته في بلاد الصومال

سبق أن أشرنا إلى أن العلماء كانوا يحرصون دائماً على نشر الدعوة الإسلامية والعلوم الدينية التي لها علاقة مباشرة بالدين الإسلامي كالقرآن الكريم والحديث النبوي الشريف، إلا أنّ حلقاتهم العلمية لم تخل من نشر علوم اللغة العربية وفنونها المختلفة من نحو وصرف وبلاغة، وما إلى ذلك؛ لأنهم كانوا يرون أن علوم اللغة العربية مساندة لفهم جوهر الإسلام، بل يعتبرونها بأنها آله توصل إلى فهم العلوم الدينية ، ولم يأت من فراغ عند ما سموها بعلم الآله. وفي ذلك يقول الباحث القدير الدكتور عبد الرحمن شيخ محمود الزيلعي القطبي متحدثاً عن جهود العلماء الأوائل في نشر اللغة العربية من خلال حلقاتهم العلمية بعد أن تحدث عن العلوم الأخرى:

"علم اللغة؛ حيث يتعلم الطالب جميع فنون اللغة العربية، من النحو والصرف والبلاغة والمنطق والعروض، ويحفظ المتون عن ظهر قلب، حتى يكون متفنناً بهذا العلم، ويتجرأ على نظمه ونثره[1].

والحديث عن الحلقات العلمية التي كان تدرس فيها علم الصرف في أنحاء بلاد الصومال الكبير، حديث ممتع كغيره من الأحاديث في الحركة العلمية التي كانت تجري على جنبات البلاد عبر العصور، غير أنّ ما نفعله هنا في هذه السطور إنّما هو محاولات بسيطة وعابرة لتتم الإشارة إلى بعض النماذج من تلك الحلقات وشيوخها، حتى نرى مدى اهتمام العلماء وطلبتهم بهذا الفن.

والحلقات الصرفية التي اشتهرت في أوساط أهل العلم في الصومال كانت مستمرة

---

[1] عبد الرحمن شيخ محمود الزيلعي. الصومال عروبتها وحضارتها الإسلامية، دار قنديل للنشر والتوزيع، القاهرة ، ط١/ كانون عام ١٤٤٠هـ، الموافق ديسمبر ٢٠١٨م – ١٤٤٠هـ.ص ٤١.

ولم تنقطع يوماً من الأيام، غير أن المناطق والأقاليم في أرض الوطن كانت تختلف عن بعضها من حيث النشاط والتركيز والإشتهار والإنتشار مثل ورشيخ، وشلنبود Shalanbood، وقلنقول، وعرمالي، وهرر، وزيلع، وبوراما، وغيرها التي اشتهرت بهذا الفن أكثر من غيرها.

وحيث إنّ انتشار الحلقات العلمية في أوسط الصوماليين كانت منتشرة بوفرة وبكثرة في البلاد طولا وعرضا إذ لم تكن هناك منطقة من المناطق التي يقطن فيها أهل الصومال في القرن الإفريقي إلا وكان فيها مجالس علمية تعقد لدراسة العلوم الشريعة الإسلامية واللغة العربية من نحو وصرف وعيرها من العلوم، وحيث إنه من الصعب حصرها واستقصاؤها في هذه الأسطر، فإننا – تمهيدا للطريق – نكتفي بضرب بعض النماذج منها وبخاصة تلك التي عقدت خصيصا للصرف وعلومه والتي تونّسنا بتراث روّادها في الصفحات السالفة من هذا البحث على أمل أن يأتي باحثون آخرون يواصلون المشوار ويسيرون على ذات الجادة التي رسمناها لتكتمل لبنات البحث وحلقاته المفقودة.

مدينة مقدشو:

والحقيقة أنه قلما تجد كتاباً جغرافياً أو بلدانياً حاول أن يتناول منطقة الساحل الشرقي الإفريقي قد غفل تلك المدينة سواء ذكر اسمها الصريح (مقدش) أو أشار

إليها بأسماء أخرى مترادفة(١)، بل أغلب الرحالة والجغرافيين أورد اسم مقدشو في سجلاتهم، رغم اختلافهم في ضبطها(٢).

وفيما يتعلق بالحياة العلمية والثقافية في مدينة مقدشو لا شك أنّها كانت مركزاً شعّ منها نور العلم والمعرفة عبر العصور الإسلامية الماضية ، حتى صارت ذائعة الصيت في العالم الإسلامي يؤمها طلاب العلم من كافة أقطار هذا العالم الفسيح ، بما في ذلك سكان الجزيرة العربية(٣)، وذلك لكثرة الحلقات العلمية التي كان يقدمها علماء محليون إجلاء رغم أن هذه الحلقات والدروس التي كان يلقيها من خلالها كانت تتسم بالطابع الديني يغلب عليها السمة الدينية البحتة من القرآن وعلومه والحديث وعلومه والفقه وأصوله ، ومع هذا كله كانت لعلوم اللغة العربية وآدابها حظ عظيم ،بحيث لم تخلو من هذه الحلقات تدريس العربية كما كانت حلقة الشيخ جمال الدين محمد بن عبد الصمد الجهوي في مقدشو، وكان يعد هذه العلم وحلقاته العلمية من أشهر الحلقات العلمية في القطر الصومالي بحيث أنها كانت تضم مختلف العلوم والمعرفة من التفسير والحديث والفقه والتصوف، بالإضافة إلى علوم العربية بما فيها علوم المعاني والبيان والمنطق ... ومن هنا فقد استحقت هذه الحلقة أن شدتّ إليها الرّحال ويقطع من أجلها مسافات طويلة ، كما فعل ذلك العلامة اليمني محمد بن علوي بن أحمد بن الاستاد الأعظم الفقيه المقدم ، حيث أتى من

---

(١) مثل بنادر، حمروين وغير ذلك. ولا عجب في ذلك لأن هناك مدناً صومالية أخرى لها أسماء كثيرة مثل هرر يسمى أيضاً أدرى وزيلع ويسمى أيضاً أودل ، وبوساسو ويطلق عليها أيضاً بندر قاسم نسبة إلى القواسم في الشارقة.

(٢) انظر مناقشة ذلك في كتابنا " الثقافة العربية وروادها في الصومال" ، ص ٢١٤ – ٢١٥.

(٣) الشريف العيدروسي: بغية الآمال، المرجع السابق ص١؛ شريف صالح محمد علي: أصول اللغة الصومالية في العربية ، مكتبة النهضة المصرية ، القاهرة ، الطبعة الأولى عام ١٩٩٣م، ص ٤ – ٥ .

بلدته تريم حتى وصل إلى مقدشو، قاصداً مجلس الشيخ جمال الدين محمد بن علوي عاد إلى اليمن بعد أن تلقى علوماً كثيراً في مقدشو ولاسيما حلقة شيخه جمال الدين الجهوي ، بحيث كان يقرأ عليه المهذب في سنة والتنبيه والوسيط والوجيز في سنة إضافة إلى ما ذكرناه ، وقد توفي في تريم في يوم الأربعاء في ذي الحجة سنة سبع وستين وسبعمائة[1].

ومن هنا فلا غرابة إذا لفتت أنظار الرحالة حتى وصفوها بأوصاف تدل على مدى هيمنة الإسلام ورسوخه في أعماق المجتمع، مثل أبي سعيد المغربي عند وصفه لمقدشو مدينة الإسلام[2]، وكذا ياقوت الحموي وابن بطوطة.

وكان ولاة أمورها فترة من الفترات — وهو السلطان أبو بكر بن الشيخ عمر – في غاية الاحترام والتبجيل للعلماء ولم يكن يخلو مجلسه من الفقهاء والعلماء والأشراف بل كانوا من مستشاريه وقضاته ، وحينما زار مقدشو الرحالة المسلم الفقيه المالكي أبو عبد الله محمد بن عبد الله بن محمد بن إبراهيم اللواتي الطنجي شمس الدين المشهور بابن بطوطة سنة ٧٣٨هـ لقي ترحيباً كبيراً وتقديراً واسعاً من قبل السلطان وقاضيه وحاشيته ،وكل أيامه في مقدشو كان في ضيافة السلطان ورعايته ، وكان من عادة هذا السلطان أن يستقبل أهل العلم فور وصولهم إلى المدينة ، وقد أصدر

[1] باعلوي ، محمد بن أبي بكر الشلبي باعلوي : المشرع الروي، المصدر السابق ١٩٠.

[2] ابن سعيد المغربي، أبو الحسن علي بن موسى (ت ٦٧٣هـ هـ – ١٢٧٤م) : كتاب جغرافيا، تحقيق وتعليق محمد العربي ، الطبعة الأولى ، منشورات المكتب التجاري للطباعة والنشر والتوزيع ، بيروت ١٩٧٠م ، ص ٨٢

أوامره أن يحترم العلماء وطلبة العلم وأعد لهم داراً خاصة لهم ينزلون فيها إذا قدموا ، وأنّ كبار مسؤولي الدولة كانوا رهن إشارتهم[1].

علم الصرف على جنبات مقدشو:

كانت تجري على جنبات مقدشو الأنشطة العلمية في مختلف العلوم والمعرفة، غير أنَّ الذي يعنينا منها هنا الحلقات الصرفية فحسب، ومن هذه الحلقات التي كانت تدرس فيها علم الصرف بمدينة مقدشو:

حلقة الشيخ عبد الرحمن الشيخ يوسف المعروف بشيخ عبد الرحمن طوب، وتارة أخرى بشيخ عبد الرحمن الصرفيلي الأغاديني، وتُعدّ هذه الحلقة من أشهر الحلقات الصرفية في القطر الصومالي في القرن المنصرم، وكان الشيخ عبد الرحمن يواصل درسه الصرفي بدون انقطاع؛ بحيث كان يبدأ من جديد كتابا كلما انهى كتاباً، كما أنّه لم يكن ينحصر في موقع معين، وإنّما يتنقل من مسجد إلى مسجد، ومن زاوية إلى أخرى .

وفيما يتعلق بأوقات التدريس وجداوله، فكان الشيخ عبد الرحمن يقوم بتدريس علم الصرف وجهى النهار، أوله وآخره مما يدل على حرصه على نشر العلم وحبه لمجالس العلم وطلبته.

فلا غرابة إذن، أن ينهل من معين حلقاته ذاك الكم الهائل من طلبة العلم من يطلب هذا الفن على الذين درسوا على يد الشيخ عبد الرحمن لبركة علمه واشتهاره

---

[1] ابن بطوطة، أبو عبد الله محمد بن عبد الله بن إبراهيم اللواتي الطنجي: رحلة ابن بطوطة المسمّاه تحفة النظار في غرائب الأمصار وعجائب الأسفار، بتحقيق الشيخ محمد عبد المنعم العربي، دار أحياء العلوم، بيروت — لبنان، ٢٦٢/١؛ وانظر الشريف العيدروسي : بغية الآمال، المرجع السابق، ص ٨٥-٨٧.

بهذا الفن وعنايته بتدريسه ووضعه جناحه لطلبة العلم ترحيبا بهم وتوقيرا لما قطعوا الفيافي من أجله، الذي هو العلم خير تاج لبني البشر. وقد كنتُ أرى – في ريعان شبابي – الشيخ عبد الرحمن في بداية الثمانينات وهو يقرأ في مسجد الشيخ عبد القادر المعروف بمسجد " المقام " بمقدشو في وقت الضحى.

ومما لا شك فيه فإن جميع الحلقات العلمية التي كان يقعدها علماؤنا كانت في غاية الأهمية ، وكانت لهذه الحلقات طابع تطوعي مع الاستمرار والمداوة بحيث كان العلماء لا يملون من نشر العلم وبدون انقطاع، بل وأكثر من حلقة أو أكثر من زاوية في اليوم الواحد، كما كان يفعل الشيخ عبد الرحمن طوب الذي اشتهر بالشيخ عبد الرحمن "صرفيلي" ، لتفانيه وتخصصه بعمق في دراسة هذا الفن منذ فترة طويلة ، ولم يكن الشيخ يمل من التدريس لدرجة أنّه كان يعقد جلساته العلمية في الصباح وفي الضحى والظهيرة وكذا في الفترة المسائية. ومن هنا كانت حلقة الشيخ عبد الرحمن صرفيلي متميرة عن غيرها في وقته، حيث قصد إليها جمع من طلبة العلم لشهرتها، وقد تخرج فيها أغلب من قام ويقوم اليوم بتدريس علم الصرف في جنوب البلاد.

ونحن نشير هنا إلى بعض من يشار إلهم بالبنان من هؤلاء الذين نهلوا من حلقة الشخ عبد الرحمن "صرفيلي" وبالتالي حملوا منه هذا العلم الثمين بكل أمانة وأوصلوه إلى طلبة العلم الآخرين عبر المجالس والمراكز العلمية. وهذه الإشارة مجرد محاولة لضرب بعض الأمثلة والتي تغنينا عن مؤونة الاسترسال في البحث والاطالة فيه:

طلبة الشيخ عبد الرحمن الشيخ يوسف (طوب) الصرفيلي:

– **الشريف إبراهيم عبد الله علي السرماني**، وهو من أوائل من تلقى علم الصرف علي يد الشيخ عبد الرحمن، الشيخ يوسف الملقب بشيخ عبد الرحمن صرفيلي

الأغاديني. ويُعدّ الشريف إبراهيم السرماني من أشهر الدعاة والمعلمين في مقدشو وضواحيها، وقد ألّف عدداً من الرسائل العلمية التي لها علاقة بالقرآن وعلومه، والفقه وأصوله، مثل:

– بشائر العلماء بدلائل الفقهاء على متن سيفنة النجا.

– أهمية المدارس القرآنية في تربية الناشئين في الصومال.

– إتحاف الدارس بأخبار المدارس.

– صفوة البيان في تجويد القرآن.

– الأدلة الحاوية على العقيدة الطحاوية.

– ذكريات آل البيت الأطهار في تاريخ الصومال الأزهار.

– **الشيخ الشيخ عبد القادر محمد آدم** المشهور بشيخ عبد القادر عكاشة السعدي، أحد الدعاء المرموقين في جنوب البلاد في القرن المنصرم، ومن طلبة الشيخ محمد معلم حسن. وبما أن الشيخ عكاشة كان تحصيله لعلم الصرف من مظان مختلفة ومن شيوخ عدة ومن جهابذة دارسيه، مثل الشيخ نور حورشو ، والشيخ محمد الهادي الحسني، الّا أنّه لازم فضيلة الشيخ عبد الرحمن الشيخ يوسف(طوب) الأغاديني المعروف بشيخ عبد الرحمن الصرفيلي الذي اشتهر بدراسة الصرف أكثر من غيره والتف حوله طلبة العلم من مختلف المناطق من جنوب البلاد فصار بذلك من بين أهم شيوخه الذين درس عليهم. والتف حوله طلبة العلم من مختلف المناطق من جنوب البلاد، وكان الشيخ عبد الرحمن الشيخ يوسف يعقد جلساته العلمية في مدينة مقدشو وفي أكثر من مكان، مثل مسجد الشيخ عبد القادر المعروف بـ مسجد المقام، ومسجد طغحتور ، ومسجد عديغا، ومسجد مرواس، بالإضافة إلى بعض الزوايا والمكتبات التي كانت تبيع الكتب. وقد تلقى

الشيخ عبد القادر عكاشة دروس شيخه عبد الرحمن الصرفيلي في مسجد طغتور ومسجد الشيخ عبد القادر، وهذا النشاط العلمي جعل الشيخ عكاشة ماهراً ومتقناً، بل وتولى فيما بعد إقامة حلقات خاصة لعلم الصرف في الصومال وكينيا، ووضع بعض كتب لها علاقة بالصرف وقواعده المعروفة، كما سيأتي في القسم الثاني من هذه الرسالة.

– **الشيخ عبد الله أو أحمد علي** المشهور بمعلم مدوبي الأبغالي، كان يدوام الحلقة الصرفية التي كان يقوم بها الشيخ عبد الرحمن الشيخ يوسف (الشيخ عبد الرحمن الصرفيلي) وإن كان الشيخ عبدالله ينتمي إلى المدرسة الورشيخية الصرفية المعروفة، إلّا أنه كذلك من باب الإزياد في العلم وزيادة الخير خير انتظم في المجالس الصرفية التي كان رائدها للشيخ عبد الرحمن الشيخ يوسف (طوب) الصرفيلي الأغاديني، واستفاد منها بعض العلوم العربية بما فيها الصرف، وسوف يأتي الحديث عن جهوده الصرفية فيما بعد.

– **الدكتور علمي طحلو غعل**، كان ممن استفاد من مجالس الشيخ عبد الرحمن الشيخ يوسف (طوب) الأغاديني المشهور بشيخ عبد الرحمن الصرفيلي مع جمع غفير من طلبة العلم، وكان فضيلة الدكتور علمي طحلو يحضر المجالس المختلفة للشيخ عبد الرحمن في مدينة مقدشو كلها؛ في مسجد مرواس، ومسجد الشيخ عبد القادر المعروف بـ المقام، ومسجد عدَيغا Cadeyga في حي حمرويني.

ويُعدّ فضيلة الدكتور علمي طحلو من الذين أثّروا في الحياة العلمية والثقافية في مدينة مقدشو من خلال نشاطه المتواصل في الجامعات والمراكز العلمية سواء في مجال التدريس والإشراف على البحوث والدراسات العلمية.

وله مؤلفات لها أثر علمي يُعتمد، مثل كتابه "كيف تكتب بحثاً علمياً" ، وهو بحث نفيس يتداوله طلاب الجامعات بمدينة مقدشو ، ومن مؤلفاته الأخرى التي انتفع بها خلق كثير عبر القارات:

- تحقيق ودراسة جزء من كتاب : "الكامل في ضعفاء الرجال" للحافظ ابن عديّ الجرجاني المتوفى ٣٦٥هـ.

- نقد الرواة عند المحدثين في القرون الثلاثة الأولى – دراسة تطور النقد ومناهجه.

- وظيفة النقد عند المحدثين.

- رواية المبتدع في ميزان النقد.

- اتجاهات المحدثين في رواية الحديث الضعيف.

- أسس تغير مذهب الإمام الشافعي.. بين الحقيقة والإدّعاء.

– الشيخ نور عمر أبسغي المشهور بالشيخ نور صرفي في مقدشو، وقد أخذ فنّ الصرف من الشيخ عبد الرحمن الشيخ يوسف (طوب) المشهور بالشيخ عبد الرحمن الصرفيلي الأغاديني الذي كان يشار إليه بالبنان في عصره، ثم بعد ذلك أسس الشيخ نور عمر أبسغي حلقة علمية يدرس فيها علم الصرف على غرار شيخه السابق حتى أطلق عليه بالشيخ نور صرفي، ومن الذين نهلوا من حلقته العلمية وبخاصة دروسه الصرفية الشيخ الدكتور أبو بكر حسن مالن المعروف بإتقانه وتبحره في هذا الفن حتى وضع رسالة لطيفة في علم الصرف كما سبق أن أشرنا إلى ذلك. ولا غرابة في أن يكون الشيخ نور عمر بهذا المستوى، لأنّه كان أخذ هذا الفن من علماء بارعين في هذا الفن كالشيخ عبد الرحمن الشيخ يوسف المشهور بشيخ عبد الرحمن صرفيلي – المذكور آنفاً – والذي كانت تعتبر حلقته من أهم الحلقات

الصرفية في القطر الجنوبي.

والعلماء الذين أخذوا علم الصرف على يد شيخهم عبد الرحمن الشيخ يوسف (طوب) المشهور بالشيخ عبد الرحمن الصرفيلي الأغاديني وحملوا المورث العلمي الذي ورّثهم إياه شيخهم كثيرون، فهم بدورهم أوصلوا هذه التركة العلمية إلى آفاق بعيدة وإلى المهجر أيضا الذي لجأ إليه أهل الصومال عقب الحروب الأهلية التي أكلت الأخضر واليابس وجعلت البلاد شذر مذر؛ إذ أنه قلّما تجد بلداً من بلدان العالم إلّا تجد فيه أهل الصومال.

ومن هؤلاء:

– **الشيخ عبد الرحمن محمد عثمان حسن عبد القادر أحمد** الويتيني الأبسمي المشهور بالشيخ عبد الرحمن الصرفيلي، كان ضمن طلبة العلم الذين أخذوا فنّ الصرف من الشيخ عبد الرحمن الشيخ يوسف (الشيخ عبد الرحمن الصرفيلي) – كما سبق ذكره – وقد أخذ عنه اللغة العربية من نحو وصرف في مدينة مقدشو وفي مسجد الشيخ عبد القادر (المقام) .. وكان للشيخ عبد الرحمن محمد عثمان دور مهم عند حضور حلقة شيخه، بحيث كان يقوم بإعادة الدرس للطلبة الذين لم يستوعبوا الدرس من الشيخ. وهذا معناه أن الشيخ عبد الرحمن محمد عثمان كان بمثابة مساعد لشيخه في حلقته الصرفية. وجاء دوره فيما بعد ليعقد هو بنفسه حلقات خاصة لتدريس علم الصرف، حيث قام بتدريس الصرف من كتاب " لامية الأفعال" لابن مالك ، وكذالك " حديقة التصريف " للشيخ عبد الرحمن الزيلعي، وسوف ياتي الحديث عن حلقة الشيخ مفصلة فيما بعد.

والحقيقة أنّ من ذكرناهم من طلبة الشيخ عبد الرحمن الشيخ يوسف (طوب)

المشهور بـ الشيخ عبد الرحمن الصرفيلي الذين أخذوا فنّ الصرف من حلقاته العلمية غيض من فيض ، والشيخ عبد الرحمن الشيخ يوسف لتدريس فنون كثيرة في العربية لدراسة إلى جانب هذا الفنّ كالنحو وغيره، إلّا أنّه اشتهر بعلم الصرف أكثر لتعاطيه معه بكل تفان حيث تعددت حلقاته فيه ظرفي الزمان والمكان، بكرة وأصيلا وفي أماكن وزوايا عدة.

ومن تلاميذ الشيخ عبد الرحمن الشيخ يوسف (الصرفيلي) أيضا الشيخ العلامة الفقيه ابو بكر علي كديل kadiil الغالجعلي Gaaljecel الصالحي الرشيدي، أخذ عنه علم الصرف والنحو كألفية ابن مالك. والشيخ أبو بكر علي كديل عالم ولغوي، ومتبحر في الفقه الشافعي ، حيث عكف على دراسة كتب الشافعية كالمنهاج والإرشاد ما يربوا على خمسين سنة، وله أتباع وطلاب كثيرون.

والشيخ صاحب سجادة الطريقة الرشيدية في مقدشو، وله اهتمام بالتأليف والكتابة ، ومؤلفاته طبعت باسم أحد طلابه تواضعا منه، مثل:

- كتاب " معين المحتاج على قواعد المنهاج". وكتابه: "ثمرة الفؤاد في قواعد الإرشاد"، وغيرها من الكتب شفاه الله وعافاه.

والحقيقة من الصعب حصر كل من نهل من مجالس الشيخ عبد الرحمن الشيخ يوسف (طوب) وأخذ منه علم الصرف، وما ذكرناه هنا ليس إلا النزر اليسير.

ومدينة مقدشو مشهورة بالحركة العلمية، وكانت تجري على جنبات مقدشو الأنشطة العلمية في مختلف العلوم والمعرفة — كما أشرنا من قبل — فأصبحت قبلة طلاب العلم التي كانوا يتوجهون إليها ويقطعون المسافات البعيدة للوصول إليها، وتلقي العلم من مشائخها، بصفتها حاضرة علمية ينتشر فيها العلم بشتى صنوفه،

غير أنّ الذي يعنينا منها هنا الحلقات الصرفية فحسب والتي أشرنا إلى البعض منها.

ومن هذه الحلقات التي كانت تدرس فيها علم الصرف بمدينة مقدشو:

- حلقة العلاّمة الشيخ عطاء بن محمد بن عبد الرحمن المشهور بالشيخ صوفي في مدينة مقدشو، وكان الشيخ عطاء بن محمد يدرّس فنوناً مختلفةً بما في ذلك علم الصرف، وقد اتجه إلى هذه الحلقة طلبة العلم في تلك الفترة، مثل الشريف عيدروس علي عيدروس الذي كان ضمن طلبة العلم الذين التفوا حول الشيخ عطاء بن محمد، وقد استفاد الشريف عيدروس وغيره من تلك الحلقات علوماً كثيرةً مثل علم الفقه والصرف واللغة، والشريف عيدروس ترك أثراً دينياً وثقافياً، وهو صاحب كتاب "بغية الآمال في تاريخ الصومال "، الذي يعتبر من أهم المصادر والمراجع لتاريخ لصومال الحديث.

- حلقة الشيخ عبد المجيد شيخ محمد شيخ صوفي شيخ عدي في مدينة مقدشو، وكانت هذه الحلقة مليئة بالعلم والمعرفة، ليس علم الصرف وعلومه التي كان الشيخ بارعاً وملماً بها فحسب، بل كان يقوم أيضاً بتدريس العلوم الإسلامية كالتفسير والحديث والعقيدة والفقه والعلوم العربية الأخرى بشكل أوسع كالنحو والبلاغة والمنطق وغير ذلك، غير أنّ دروس فضيلة الشيخ عبد المجيد في علم الصرف كانت لها شهرتها وتميزها على غيرها من حلقاته. وقد توجه إلي حلقته الصرفية عدد من طلبة العلم، ويكفي الشيخ عبد المجيد شيخ محمد فخراً واعتزازاً بأنّه أخذ منه هذا الفنّ — فنّ الصرف — وغيره من العلوم العربية والإسلامية كالنحو والبلاغة والعقيدة والمنطق والفقه والتفسير والأحاديث أحد أبرز العلماء في قطرنا الصومال، وهو

الفقيه العلامة المؤرخ الفلكي الطبيب الشيخ محمد بن أحمد شيخ محمود شيخ عبد الرحمن الشاشي المقدشي الصومالي المشهور بشيخ أبّا — رحمه الله —

والشيخ محمد بن أحمد (شيخ أبا) كان فقيها ومشهورا بالفقه ومتمكناً في العلوم العربية والإسلامية، وترك أثراً علمياً وثقافياً على البيت الشاشي، وكان صاحب علاقة علمية وثقافية واسعة مع العلماء والمثقفين في القطر الصومالي وخارجه. وحظيت شخصياً بصحبته والاحتكاك به — رحمه الله —.

وكان يستقبلني أيما استقبال بكل حفاوة وسعة صدر في مقره بمقدشو عند ما كنت في الدراسات العليا، وفتح لي قلبه قبل بابه ووقف معي وبجانبي، وتلقيت من فضيلته السند والتشجيع.

وخلّف الشيخ إرثا علميا تحقق على يد ابن أخته فضيلة الشيخ أحمد بن عثمان الشاشي (أحمد منير)، الزاهد العابد وصاحب المجالس العلمية المتنوعة، والمؤلفات العديدة والذي صاهر الشيخ وتزوج ابنته.

ومن مؤلفات الشخ أحمد عثمان:

- "إعانة الطالب الناوي شرح إرشاد الغاوي في مسالك الحاوي"، لأبي عبد الله الحسين بن أبي بكر بن إبراهيم النزيلي.

- حاشية الشاشي.

- كشف المعاني الخافية شرح الجوهرة السامية.

- جواهر البحر المعين شرح القصيدة اللامية شجرة اليقين.

- كشف سر المخبأ في ترجمة الشيخ أبّا.

- الاعتماد في حل ألفاظ الإرشاد.

ومن الحلقات الصرفية في مدينة مقدشو:

- حلقة الشيخ مريدي حاجي صوفي محمد دينله شغاله الشانشي المقدشي، وكان الشيخ يدرّس علوماً كثيرةً، ومن بين تلك العلوم فنّ الصرف بالتحديد كتاب لامية الأفعال، و كتاب حديقة التصريف في مسجد الشيخ عبد القادر الذي أشرنا من قبل، وأغلب من كان يلتف حوله كانوا من شباب الصحوة في السبعينات الذين كان لهم علاقة قوية بالحلقة التفسيرية التي كان يقوم بها المفسر الشيخ محمد معلم حسن في مسجد الشيخ عبد القادر المشهور بـ المقام قبل سجنه. وكان حلقته هذه تجري على شكل نظام الحلقات المعروفة بمنطقة القرن الإفريقي عموماً، وبقطرنا الصومالي خصوصاً.

وكان يقوم كذلك بتدريس علم النحو في المسجد نفسه وغيره من المساجد. ومن بين الكتب التي درّرسها الشيخ : الآجرومية والعمريطي وملحة الأعراب والكواكب الدرية وقطر الندى وبل الصدى وألفية الإمام مالك.

وكان إلى جانب تدريس علوم العربية يلقي الشيخ أيضاً تفسير القرآن الكريم في مسجد جامع الشنغاني في حي الشنغاني، وكذا في مسجد مرواس في حي حمروين؛ وعند ما سجن الشيخ محمد معلم حسن تولى الشيخ مريدي تدريس تفسير القرآن الكريم، ولكن في مسجد أربع ركن، وتحول أغلب شباب الصحوة إلى درس الشيخ، وقد التحقتُ بهذه الحلقة وأنا فتى يافع في المرحلة المتوسطة، وكنتُ أصغر من يحضر الدرس تقريباً، أجلس قريباً من الشيخ أساعده في تهيئة مجلسه وتجهيز مكبر الصوت (الميكروفون) أحياناً. وعلى كل حال، كان الشيخ مريدي يُعنى بالعلوم العربية

المختلفة ، بحيث كان الشيخ يرى بأن المفسّر لا يمكن له القيام بالتفسير دون إلمامه بالنحو والصرف. وهذا ما جعل الشيخ يؤلف كتابه الذى ما زال مخطوطا – فيما أعلم – في علم النحو والمسمى بـ "كتاب النحو" ليمهّد لطلّاب العلم الطريق لفهم نصوص الدين المكتوبة بالعربية.

ومن أشهر مجالس علم الصرف في مدينة مقدشو أيضاً:

– حلقة الشيخ عبد الرحمن محمد عثمان حسن عبد القادر أحمد الويتيني الأبسمي المشهور بالشيخ عبد الرحمن الصرفيلي، وكانت معروفة في مقدشو في أواخر السبعينات والثمانينات في القرن المنصرم. والشيخ عبد الرحمن ينحدر من قرية عِين Ciin الواقعة قرب وادي فافن Faafin في نواحي منطقة طغح بور، وأمه السيدة زينب نوح حاج حسين الكرنلية من قبائل هوية، وقد تربى تربية حسن، بحيث تعلم القرآن الكريم وبعض علوم الشريعة في منطقته على أيدي أسرته، ثم رحل إلى طلب العلم في داخل جمهورية الصومال، وخاصة قرية مور غابي Moorogaabey ومدينتي واجد وبِيت Yeet في إقليم بكول، ثم استأنف الشيخ عبد الرحمن طريقه إلى طلب العلم ووصل إلى مدينة واجد، وفور وصوله إليها انضم إلى الحلقات العلمية.

وطلب العلم كذلك في لؤلؤة المحيط الهندي مدينة مقدشو حيث لزم الحلقات العلمية التي كانت تجرى في جميع جنبات المدنية، وواظب على بعض تلك الحلقات مثل حلقة الشيخ عبد الرحمن الشيخ يوسف المشهور بالشيخ عبد الرحمن طوب، وتارة بالشيخ عبد الرحمن الصرفيلي، ولازم كثيراً هذه الحلقة وأخذ عن شيخه علم الصرف الذي أصبح فيه لامعا وبارعا وماهرا حتى لُقّب بالشيخ عبد الرحمن الصرفيلي بعد شيخه. وقد كنتُ أرى الشيخ عبد الرحمن محمد عثمان في مقدشو، وخاصة في حلقات المساجد العلمية مثل مسجد الهدى في ناحية سيغالي في حي

هدن، ومسجد الشيخ عبد القادر المعروف بمقامكَ – أي المقام – ومسجد طغحتور وحلقته التفسيرية على يد الشيخ محمد آو يوسف بن الشيخ مُحَمَّد الأغاديني من فخذ علي وناغ، احدى بطون بني عبدله.

أما حلقة الصرف فكانت في مسجد الشيخ عبد القادر؛ حيث كان الشيخ عبد الرحمن الشيخ يوسف يدرّس هناك علم الصرف في حلقة معروفة يقرأ فيها كتاب لامية الأفعال لابن مالك، وكان الشيخ عبد الرحمن محمد عثمان من أبرز طلبة العلم ، بحيث كان يقوم بعد حلقة شيخه بإعادة الدرس مرة أخرى ، وكان يلتف حوله أغلب من كان معه في الدرس وذلك ليتعقموا فيه أكثر وليستوعبوا ما فاتهم من شرح الشيخ وتعليقاته على الكتاب، ثم بعد ذلك كوّن حلقة خاصة لتدريس الصرف في أكثر من مسجد وزاوية ، حتى اشتهر بـ اسم عبد الرحمن الصرفيلي، وذلك لكثرة دوامه لهذه الحلقة وإقباله عليها بقلبه وقالبه دونما ملل أو تكاسل عنها.

وكان يحضر إلى حلقته الصرفية كبار العلماء وطلبة العلم مثل فضيلة الشيخ محمد آو يوسف بن الشيخ مُحَمَّد الأغاديني ، إمام مسجد طغحتور المفسر الزاهد – رحمه الله –الذي أعجبني ولفت نظري تواضعه وحرصه وتوقيره للعلم حيث كان ينضم إلى تلك الحلقة فور انتهاءه من حلقته التفسيرية التي كانت أكبر الحلقات العلمية في مقدشوا وأكثرها شهودا وحضورا من قبل طلّاب العلم. وكأن لسان حال الشيخ محمد يرفع شعار: كن عالما أو متعلما، مما يدل على أنّ الشيخ محمد آو يوسف كان يعطي اهتماما كذلك باللغة العربية مثل الصرف حتى بعدما تربّع علي كرسيّ التدريس وصار علما بارزا في تخصصه الذي هو التفسير.

وقد استمر الشيخ عبد الرحمن محمد عثمان (الصرفيلي) على منواله في نشر العلم وعقد حلقات بخصوص فنّ الصرف، حتى وبعد رحيله إلى أرض الحجاز ليواصل

طلبه للعلم فإن الشيخ لم يتوقف عن تدريس الصرف وعلوم اللغة العربية لطلبة العلم بمعهد الحرم المكي الشريف ولجامعة أم القرى، وكذا لطلبة جامعة أم القرى، وكان الشيخ يقوم بتدريسه بأروقة المسجد الحرام، وبعض أربطة مكة، وأماكن أخرى. وجهود الشيخ عبد الرحمن مقدّرة ومعتبرة ضمن الأعمال والحلقات العلمية في المهجر الصومالي في المشرق والمغرب من العصور الماضية حتى يومنا هذا. إختار الشيخ مجاورة بيت الله الحرام ، والمكوث فيه ، والعيش بقربه قرابة أربعين سنة. وقد تزوج من أهل مكة، ومن بيت صومالي معروف بالدّين والشرف، وصاهر السيد طاهر جيلي المريحاني، حيث تزوج بنته التي أنجت له أولاداً حفظهم الله جميعاً.

إن خدمة أهل الصومال للصرف وعلومه لم تتوقف يوماً من الأيام ، ويبرهن على ذلك تلك الحلقات والمجالس العلمية التي خُصصت لتعليم وتطوير هذا الفنّ في مختلف ربوع بلاد الصومال. ولتأكيد وحتى نؤكد على ذلك أكثر سوف نكمل الحديث عن تلك الحلقات العلمية التي كانت تعقد في عاصمة مقدشو وإن كان البعض منها تمت الإشارة إليها فيما سبق.

ونذكر أدناه بعض تلك الحلقات الشهيرة في أوسط الصوماليين:

- حلقة الشيخ عبد الله آو أحمد آو علي المشهور بمعلم مدوبي الأبغالي، كان يقوم بتدريس علم الصرف ونشره في أوساط طلبة العلم الذين كانوا حرصين على حلقته لشهرتها ولاكتظاظها بالطلبة؛ ولا غرابة في ذلك إذ أنّ الشيخ عبد الله أو أحمد (معلم مدوبي) تابع لمدرسة ورشيخ الصرفية التي كان قائدها الشيخ عبد الرحمن العلي الورشيخي، والشيخ أحمد حاج عبدي الدريّ، والشيخ حسين الشيخ محمد المعروف بـ بالشيخ حسين مكتب، ولقّب "بالشيخ حسين مكتب" لأنّه كانت له مكتبة للكتب، والتي كانت تُدرّس فيها بعض الأحيان الدروس اللغوية، والشيخان

الأخيران فـهلا العلم من معين شيخهما قائد المدرسة الورشيخية، الشيخ عبد الرحمن الشيخ عمر العلي والذي اشتهر كذلك بكونه صاحب نثر الجواهر. وقد تتلمذ معلم مدوبي أيضاً على يد الشيخ عبد الرحمن الشيخ يوسف (طوب) المشهور بالشيخ عبد الرحمن الصرفيلي الأغاديني.

ومن هنا فلا يستغرب أن تتجه بعض أنظار طلبة العلم إلى حلقة الشيخ عبد الله الشيخ أحمد المشهورة بحلقة معلم مدوبي الصرفية، لينهلوا من مناهلها العلمية، ولم يكن الشيخ معلم مدوبي يقتصر على تدريس الصرف بل كان أيضاً يقوم بتدريس أغلب فروع اللغة العربية. وحيث إنه يصعب ذكر كل الطلّاب الذين درسوا على الشيخ معلم مدوبي كثيرون لا بحصيهم ديوان، فإننا نقتصر على نوذج واحد من طلّابه الا وهو فضيلة الدكتور الشيخ أبو بكر حسن مالن، صاحب الحلقات العلمية ، والمؤلفات العديدة.

- حلقة الشيخ الدكتور أبي بكر حسن مالن في أكثر من مكان في مدينة مقدشو والتي كانت مكتظة بطلبة العلم الذين كانوا يأتون إليها من مسافات بعيدة للتلقي دروس الشيخ أبو بكر حسن مالن. ورغم أنّ الشيخ كان يقوم بتدريس علوم وفنون كثيرة كالفقه وأصوله وعلوم اللغة العربية الأخرى إلا أنّه اشتهر بتدريس علمى النحو والصرف. ولتمكّن الشيخ وبراعته في علم الصرف هرول إلى حلقته الطلّاب من كل فجّ عميق ، وقد شرع في مجال التأليف، وأخرج لنا، وللشيخ كتابه المعروف والمسمى بـ" الغيث الهطال شرح لامية الأفعال "، الذي سبق الحديث عنه.

ومن الذين استفادوا من حلقة الشيخ أبي بكر حسن مالن أحد الكتاب المجتهدين الصامتين الدكتور حسن معلم محمود سمتر المشهور بالشيخ حسن البصري،

صاحب الكتب الفريدة مثل: "تاريخ الدعوة في قرن أفريقيا" و" المشكاة في منهج الدعوة والخطابة"، وهو كتاب مخصص للبنات الصوماليات الطالبات اللاتي يدرسن في جامعة الأحقاف اليمنية، وكتاب "مدارس التصوف الإسلامية في الصومال" و أنظمة الحكم والتدخلات الأجنبية مآثرها ومساويها وأثرها في استقرار الصومال في الصومال"، هي رسالة الدكتوراة، وغيرها من الكتب.

– حلقة الشيخ معلم حسن أحمد الأبغالي (أغون يري) في مسجد في حي هرواي بمقدشو: كان الشيخ يلقي دروساً في اللغة العربية، مثل كتاب بدر الدّين في علم الصرف والآجرومية والدرّة البهيّة والعمريظي وملحة الإعراب والكواكب الدرّية بالإضافة إلى كتب أخرى في الفقه الشافعي. وقد تخرج في هذه الحلقة المباركة عدد من طلبة العلم ، وكان من بينهم فضيلة الدكتور أويس حاج عبد الله محمود حسين ميهدلي، عميد كلية الشريعة الدراسات الإسلامية بالجامعة الإسلامية في مقدشو – الصومال. وللدكتور المذكور نتاج بحثي وعلمي. من بعض تلك البحوث: "المكلّف وأثر الأحكام الشرعية على تصرفاته" وبحث حول: " دراسة وتحقيق لكتاب "الأنوار الهادية لذوي العقول إلى معرفة مقاصد الكافل بنيل السؤل في علم الوصول" لشمس الدين أحمد بن يحيى بن حابس المتوفى سنة ١٠٦١هـ". وللدكتور دور أكاديمي في إشراف ومناقشة الرسائل العلمية. في الفقه وأصوله في الجامعات الصومالية البلاد.

– حلقة الشيخ محمد الدري في مسجد سوق بوعْلي، ومسجد أونلاي في حي ودجر، وكان الشيخ محمد يدرس اللغة العربية كُتب الصرف والنحو، والتف حوله جمع من طلبة العلم كالأستاذ حسن محمد علي أدم صاحب مؤلفات عديدة مثل: "العادات والتقاليد في مجتمع الصومال" وكذلك كتاب: "الحرب الأهلية ومشكلات

الأسرة في المجتمع الصومال" وكتابه الأخير عبارة عن جهد علمي ودراسة ميدانية عملها الباحث في مدينة بيدوا في جنوب الغرب الصومال، وقد نهل الأستاذ حسن محمد من حلقات شيخه محمد الدري ودروسه الصرفية.

- حلقة فضيلة الشيخ آدم بن شيخ محمود التي كان يدرّس فيها علم الصرف في مدينة مقدشو، وكانت هذه الحلقة من أهم الحلقات الصرفية في وقته كان الشيخ من الذين استفادوا من حلقة فضيلة الشيخ عبد الرحمن بن الشيخ عمر العلي الأبغالي، صاحب المقام المحمود في هذا الفن — كما سبق ذكره —.

ويكفي الشيخَ فخراً بأنّ استفاد من حلقته علماء اشتهروا في هذا المجال، وأصبحوا أصحاب مؤلفات مشهورة في علم الصرف.

- حلقة فضيلة الشيخ عثمان مهذلي المرسدي في مقدشو، وكان لفضيلته حلقة علمية يُدّرِس فيها علوم اللغة العربية مثل علمى الصرف النحو، وكذلك الفقه. ولما ذاع صيت الشيخ عثمان مهذلي بسبب حلقته اللغوية في علم الصرف والتي التف حولها طلبة العلم في مقدشو وضواحيها ليستفيدوا من علم الشيخ وخبرته في هذا الفنّ. والجدير بالذكر أنّ فضيلة الأستاذ الدكتور علمي جعل علسو كان ضمن طلبة العلم الذين تتلمذوا على حلقة الشيخ عثمان مهذلي واستفادوا من نفحات علمها.

- حلقة فضيلة الشيخ عبد الرحمن يوسف الذي كان يقرأ في مجلسه العلمي علم الصرف من كتاب لامية الأفعال، وعلم النحو من كتاب الأجرومية والألفية لابن مالك، وكان من بين طلاب الشيخ الذين نهلوا من علومه أحمد موسى نور الجالجعلي صاحب كتاب "القياس وأثره في نمو اللغة العربية: دراسة وصفية تاريخية"

، والكتاب عبارة عن بحث أكاديمي نال صاحبه درجة الماجستير في اللغة بكلية اللغة العربية بجامعة أم درمان الإسلامية.

- حلقة فضيلة الشيخ علي ديرو Deerow الدغودي Dogoodi المعروفة بعلم الصرف في مدينة مقدشو، بحيث كان الشيخ علي ديرو يقوم بتدريس كتاب لامية الأفعال، لابن مالك، وكذلك كتاب حديقة التصريف، لعبد الرحمن الزيلعي، وكانت هذه الحلقة تجري في مسجد التوبة في حي هول وداغ بالعاصمة الصومالية مقدشو، وقد التحق بهذه الحلقة طلبة العلم الراغبون في تحصيل علوم اللغة العربية وفنوها.

ومن بين هؤلاء الذين استفادوا من هذه الحلقة الأستاذ هاشم معلم حسين عسر، صاحب كتاب: "ضعف التعبير اللغوي لدى الطلاب الصوماليين (أسبابه وحلوله)" بحيث يقترح المؤلف هنا في هذا الكتاب فكرة تدريس اللغة العربية في جميع المراحل التعليمية في المدارس، بالإضافة إلى اعتماد منهج محلي مناسب لظروف الزمان والمكان. وأستاذ هاشم تلقى علوم اللغة العربية من النحو والصرف والأدب من الكتب المشهورة في القطر الصومالي في مقدشو، ودرس كتبا في العلوم العربية على يد علماء أجلاء، أمثال الشيخ عبد الرحمن الجالجعلي في أحد المساجد في سوق بكاره قرب منطقة الدواء بمقدشو، وأخذ عن شيخه هذا كتباً عدّة من بينها المعلقات السبع والمقصورة لابن الدريد. أما التفسير والحديث والفقه فقد تلقى على يد الشيخ محمود علي وعيس الدري Dir في مسجد علي شري. والأستاذ هاشم له اهتمام كبير بعلوم اللغة العربية والإسلامية، منذ ريعان شبابه. ودفعه حبه لها إلى أن يرحل إلى السودان ويلتحق بأحدى جامعاتها.

- حلقة الشيخ أحمد حسن عثمان صالح الذي يدّرس هو الآخر كتاب لامية الأفعال لبدر الدين بن مالك، وقد نهل من هذه الحلقة جمع كثير من طلبة العلم،

وكان من ضمن هؤلاء فضيلة الدكتور اللغوي فوزي محمد بارو الملقب بـ "فوزان"، رئيس جامعة فتح الرحمن، وصاحب المؤلفات العديدة.

درس الدكتور فوزي علم الصرف على أيدي علماء آخرين مثل الأستاذ الشيخ عبد الناصر محمد معلم الذي كان يدرّس كتاب "شذ العرف في فنّ الصرف"، وفضيلة الشيخ محمود الذي كان بدوره يقوم بتدريس كتاب الصرف الكافي في حلقته. فلا غرابة إذن، أن يكون للدكتور فوزي نتاج علمي حول الصرف فيضع بين كتابه: (السائل والمجيب في فنّ الصرف) أن أصبح الدكتور فوزي ماهراً في اللغة العربية وعلومها، وبخاصة فنّ الصرف، وصار شاعراً يقرض الشعر وقفّى قوافيه وله مؤلفات عديدة أغلبها في علم اللغة العربية مثل: (دراسة تقابلية بين اللغة العربية ولغة ماي الصومالية على المستوى الصوتي، دُرَرُ الفَصَاحَةِ في عِلْمِ البَلاْغَة، الألفاظ العربية المقترضة في اللغة الصومالية، ، معين الطالب، وغير ذلك).

والحقيقة أنّه من الصعب الحصر الإحاطة بجميع الحلقات العلمية في مقدشو لا سيما فيما يتعلق بحلقات فن الصرف والتي لم تزل إلى لحظتنا هذه على قدم وساق، جارية في كل مسجد وزاوية، وفي كل منطقة وإقليم، وذلك يعود — بعد فضل الله — إلى عطاء علمائنا المتواصل وجهدهم الدؤوب في التدريس ونشر العلم والدعوة بلا ملل ولا فتور.

ومن الحلقات في فن الصرف التي تجري على جنبات لؤلؤة المحيط الهندي (مقدشو):

- حلقة الشيخ عبد الله عنشور الددبلي في فن الصرف وغيره من الفنون، وهو العالم الماهر، وصاحب العطاء الكبير.

- حلقة الشيخ عبد الشكور معلم عمر لكتاب "شذ العرف في فن الصرف".

- الشيخ ديني بسي أحمد لكتاب شرح بدر الدين على لامية الأفعال، وكذلك نثر الجواهر في قاعدة الصرف الفاخر.

- حلقة الشيخ نور يوسف المشهور بـ جدود" لكتاب "فتح اللطيف شرح حديقة التصريف" للزيلعي، وكذا كتاب "الغيث الهطّال شرح لامية الأفعال" للشيخ أبو بكر حسن مالن.

- حلقة الشيخ شريف عبد الله لكتاب شرح بدر الدين على لامية الأفعال.

- حلقة الشيخ علي ألفية لكتاب الترصيف في علم التصريف، وكتاب مختصر العز.

- حلقة الشيخ أحمد صوفي، لكتاب لامية الأفعال.

وهذه الحلقات غيض من فيض، ونكتفي بهذا القدر المتواضع رغم علمنا بأنّ هناك حلقات علمية ذات صلة بفن الصرف لم نذكرها هنا على أمل أن تظهر دراسات مختصة تكمل المشوار وتواصل الجهد لتغطية ما تبقى ما من مسافات البحث الذي يتطلب إلى جهد وعناء.

الحلقات العلمية على مستوى الصومال الكبير

كانت المحاولة السابقة مجرد إشارة بسيطة إلى ما كان يجري في جنبات العاصمة الصومالية، مدينة مقدشو من الحلقات الصرفية، ولم يكن الهدف منها استقراء واستيعاب جميع الحلقات التي كانت تدرّس علم الصرف في المدينة إذ يصعب تتبعها واستقصاؤها بل ويكون ذلك أشبه بالمستحيل ورغم ذلك لم نأل جهدا في القيام ببعض المحاولات أن نعرض لعرض بعض من تلك الحلقات لتكون نموذجاً حياً يجسّد مستوى ومنهج المدرسة التقليدية لدراسة العلوم الدينية والعربية في الصومال.

ونعتذر للقارئ الكريم سلفاً بهذا القصور في عدم إعطاء دراسة كافية عن تلك الحلقات المختصة بعلم الصرف التي كانت تقام في أغلب هجر العلم ومعاقله في بلاد الصومال ولعله — إذا أراد المولى — يأتي فيما بعد من يقوم بالسير على الدرب ويستمر على التنقيب والتفتيش لمزيد من المعلومات.

وكاتب هذه السطور المتواضعة مقيم في المهجر بحيث يصعب عليه أن يتتبع جميع تلك الحلقات في جميع القرى والمراكز العلمية في كل منطقة إذ أن ذلك يتطلب جهدا وفراغا من ناحية، ومن ناحية أخرى عدم توفر مصادر عُنيت خصيصا بهذا الجانب بحيث يعتبر هذا البحث المتواضع الباكورة الأولى والخطوة البدائية لمسافة الألف ميل التي يُفترض أن يقطعها الباحثون القادمون الذين يراهن عليهم البحث العلمي في هذا المجال الذي لم يُسبر غورُه ولم يوصل إلى عمقه بعد.

بعض الحلقات في جنوب البلاد:

- حلقة الشيخ: محمد معلم البيمالي نسبة إلى قبيلة البيمال الدرية القاطنة في جنوب البلاد، وكان الشيخ محمد معلم يقعد حلقات ومجالس علمية يدرس فيها

علوماً متنوعةً ، ومما كان يدرّس الشيخ علم الصرف ، وبخاصة كتاب حديقة التصريف للشيخ عبد الرحمن بن أحمد الديسويّ الرحنوينيّ. وهذه الحلقة كانت في منطقة كرتواري Kurtunwaarey في محافظة شبيلي السفلى. ومن بين طلبة العلم الذين اسفادوا من هذه الحلقة فضيلة الدكتور الشيخ محمد إيمان آدم "الشاطبي" القطبي، حفظه الله ورعاه، أحد الدعاة في المهجر، في مملكة النرويج، وهو إمام وخطيب مسجد أبي بكر الصديق في درامن Drammen بالنرويج. والدكتور له مؤلفات النافعة.

– حلقة الشيخ الشريف يوسف بن الشريف محمود البارطيري، كانت هذه الحلقة في مدينة بارطيرى التابعة لمحافظة جدو، وكانت هذه الحلقة مزدهرة وعامرة بطلبة العلم، لمكانة الشريف يوسف محمود في بارطيرى واتساع علمه في هذا الفن، ولشهرة هذه الحلقة بين طلبة العلم الذين كانوا يأتون إليها من مناطق نائية ، وقد كان الشريف يوسف متقناً ومتبحراً في هذا الفن، وحلقة الشيخ الشريف يوسف – على خلاف الحلقات التي عهدناها أنّها تُعقد في المساجد والزوايا العلمية في البلاد – كان مقرها تحت شجرة معروفة لدى أهل بارطيرى وذلك لرفض الشيخ التدريس في المساجد. وسبب ذلك أن الشيخ – كما يقال– كان يتعاطى التنباغ أو التبغ الذي يُضطر متعاطيه إلى أن يبصق مرات كثيرة عند مضغه له، فبأ الشيخ ببيوت الله عن أن يبصق فيها لهذا اختار أن يناوئ المساجد والزوايا العلمية في فترة التدريس التي قد تستغرق ساعات وساعات كما هو الشأن في نظام الحلقات.

أيا كان الأمر، فإن حلقة الشيخ الشريف كانت مزدحمة بطلبة علم حريصين على علمه أينما كان مقرها لأن الذي يهمهم هو السقى من ذاك البئر والنهل من ذاك الماء العذب الذي هو العلم الذي يحمله الشيخ في صدره.

ومن بين هؤلاء تلاميذ الشيخ الشريف أحد أعلام بلادنا فضيلة الشيخ محمد الهادي قاضي محمد قاضي حبيب محمد البراوي الحاتمي- رحمه الله –. فالشيخ محمد الهادي رحل إلى بلدة بارطيرا الزراعية قادماً من مدينة براوه الساحلية ليس لطلب العلم ليس إلّا. وسبق أن أشرنا – بصدد حديثنا عن المؤلفات في الصرف – إلى أن الشيخ محمد الهادي قيّد فوائد حلقة الشيخ في أثناء تدريسه لكتاب لامية الأفعال في دفتر له أخرجه فيما بعد كتابا أسماه بـ" أمالي الشريف يوسف الشريف محمود الحسني في شرح لامية الأفعال".

وللعلم، فإنّ مدينة بارطيري كانت أيضا مشتهرة بالحلقات الفقية إلى جانب اللغة العربية.

- حلقة الشيخ حسن الشيخ علي الحسني في مدينة حدر بمحافظة بكول، وكان يدرس فيها الشيخ فنّ الصرف من كتاب اللامية الأفعال مع شرح في غاية من الوضوح والسهولة، ومن الذين استفادوا من حلقته معالي الشريف صالح محمد علي، وزير التعليم العالي والثقافة الأسبق، وسفير الصومال في أكثر من بلد، وصاحب المؤلفات العديدة مثل:

- "أصول اللغة الصومالية في العربية".

- "المعجم الكشّاف عن جذور اللغة الصومالية في العربية (المجلد الأول)".

- "ملحمة البرلمانيين الأحرار".

منطقة هيران:

حلقة الشيخ عبد الله حاج عبد السلطان المتمكن والماهر في فن الصرف والذي له مؤلف في هذا المنحى، وهو كتابه "روح الصرف" — كما سبق ذكره — وكان يدرّس علم الصرف داخل البلاد وخارجها عندما هاجر إلى شمال أروبا (السويد)، وفي بلاد الصومال كان فضيلته يحرص على نشر العلم والمعرفة، لا سيما في مدينة بلدوين بإقليم هيران. ويكفي فضيلة الشيخ عبد الله حاج عبد السلطان فخراً بأنّ كان من طلابه المتميزين في حلقته أحد أعلام بلادنا في هذا العصر فضيلة الدكتور محمد شيخ أحمد شيخ مُحُمد (محمد حاج) الفقيه المقاصدي رئيس مركز المقاصد الشريعة ، الأستاذ الجامعي، وصاحب النشاط الوافر، والمؤلفات النافعة، مثل:

– "مقاصد الشريعة العامة عند الإمامين: العز بن عبد السلام والشاطبي دراسة مقارنة".

– "المدخل لدراسة الشريعة الإسلامية".

– "مقاصد الشريعة الإسلامية وأثرها في رعاية حقوق الإنسان'' : دراسة تأصيلية مقارنة".

– "المذهب الشافعي في الصومال: معالم وملامح من واقع التفاعل البيئي".

ولا يفوتنا أن نذكر بأنّ فضيلة الشيخ محمد حاج تلقى فنّ الصرف وغيره من العلوم في بداية حياته على يد والده شيخ أحمد مُحُمد عمر متان، وذلك قبل لقائه بشيخه عبد الله حاج عبد السلطان، كما تلقى هذا الفنّ أيضاً على يد كلٍ من الشيخ عمر شيخ أحمد دينلي – وهو والد الشيخ عبد الرحمن شيخ عمر إمام مسجد أبي

بكر بمنسوتا في أمريكا- ، والشيخ يوسف شيخ محمود طقني في مدينة لوق، وكلهم من آل الحسن، مما يدل على حرصهم على العربية، وإتقانهم وتفوقهم في هذا الفنّ.

- حلقة الشيخ خليف حاج أحمد الحسني في بلدوين ، وكان لدى الشيخ درس في التفسير والصرف، واشتهر الشيخ بتدريس كتب العقيدة الأشعرية، بالإضافة إلى كتاب "السّلم المنورق في المنطق" للشيخ عبد الرحمن الأخضري، وقد تعلم في حلقات الشيخ خليف حاج أحمد ومجالسه العلمية عدد كبير من طلبة العلم، وكان من بينهم فضيلة الشيخ عبد الرحمن شيخ مرسل محمد الليساني، وأخذ عن شيخه تلك العلوم التي أشرنا إليها آنفاً ومن بينها علم الصرف الذي كان الشيخ خليف بارعاً فيه.

- حلقة الشيخ محمد يرو الدري، من فخذ فقي عمر، في مدينة بلدوين، وكان الشيخ محمد يرو رئيس الإدارة التعليمية بمحافظة هيران في وقته، وكانت حلقة الشيخ مليئة بالنشاط والحيوية بحيث كان الشيخ يحرص دائماً على استمرارية حلقته في علم الصرف ، وكذلك حلقته في التفسير رغم مشاغله الكثيرة ومسؤوليته الكبيرة المناطة به. ولشهرة هذه الحلقة كان بعض طلبة العلم يأتون إليها من مسافات بعيدة، ومن بين هؤلاء فضيلة الشيخ عبد الرحمن شيخ مرسل محمد الليساني الذي أتى من منطقة الحدود الشمالية في كينيا، وخلال وجوده في المنطقة طلب العلم على أيدي علمائها.

- حلقة الشيخ عمر أحمد ديني الحسني، وكانت حلقات الشيخ عمر حلقة غنية ومشهورة بعلم الصرف إلى جانب العلوم الدينية الأخرى كعلم التفسير، وقد استفاد من حلقاته طلبة العلم الذين كانوا متواجدين في مدينة بلدوين وضواحيها، ومن بينهم فضيلة الشيخ عبد الرحمن شيخ مرسل محمد الليساني، أحد أهل العلم

والدعاة المعروفين حالياً في منطقة الحدود الشمالية في كينيا.

منطقة الحدود الشمالية المعروفة بأنفدي الصومالية:

منطقة الحدود الشمالية التي يقطن فيها أهل الصومال جزء من الأراضي الصومالية التي تقع اليوم في شمال شرق كينيا، وهي ثلاث مقاطعات كبيرة: منديرا، وجير، وقاريسا. وهذه المنطقة لا تختلف عن غيرها من المناطق الصومال الكبير من حيث الانتماء والعرق، والثقافة والدّين.

شهدت هذه المنطقة حلقات علمية مشهورة قادها جهابذة من العلماء كما شهد غيرها من المناطق في القطر الصومال الكبير، ولتقريب ذلك الأمر يكفي أن نشير إلى النشاط العلمي الذي كان يقوده بعض العلماء الأجلاء، مثل الشيخ محمد الهادي حاج محمد عثمان حاج نور الحسني، والشيخ يوسف سيد على طوح الأغاديني، والشيخ محمود شري الدغودي، والشيخ محمد طقني الحسني، والشيخ محمد حاج عثمان علسو الدغودي، والشيخ محمود ابراهيم المعروف بمقلاو الليساني الرحنويني، وغيرهم. وحيث إن الحديث عن هذه المنطقة يطول لعراقتها ولكثرة علمها وأهل العلم فيها، فإننا نشير الى الجانب العلمي المختص بدراسة علم الصرف فيها فحسب على أمل أن نتطرق إلى الحديث عنها وعن تأريخها في كتابات أخرى إن يسّر لي المولى إلى ذلك سبيلا..

منطقة منديرا (مانديريا)

إقليم مانديرا أو منديرا جزء من الأراضي الصومالية المذكورة في المنطقة الإدارية التي تسمى بالمحافظة الشمالية الشرقية التابعة في الوقت الحالي لدولة كينيا.

وفيما يتعلق بالمجالس والحلقات العلمية وبالأخص تلك المتعلقة بفن الصرف، فإنّ

هناك عددا من الحلقات الرئيسية مثل:

– حلقة الشريف محمد المعروف بشريف طويل، في مدينة منديرا الشهيرة بحلقات العلم، وتمتاز هذه المدينة بأنّها مدينة مثلثة تلتقي حدودها بجمهورية الصومال بمنطقة الصومال الغربي المحتل من قبل إيثوبيا، وبمنطقة الحدود الشمالية (أنفدي) المحتل من قبل كينيا – والتي نحن بصدد الحديث عنها.

وفضيلة الشريف محمد عقد حلقات علمية في مساجد المدينة خاصة في مسجد بول جمهورية.

درّس جميع علوم الآلة (اللغة) بدءاً بكتاب الآجرومية إلى كتاب ألفية بن مالك، ولامية الأفعال، ومقامات الحريري، وقد استفاد منه عدد كبير من طلبة العلم، ومن أشهرهم: الدكتور نوح عبده ، والشيخ أحمد عمر حسن المسري الأزهري ، وعبد القادر جيحو الأزهري، وعبد القادر محمد علمي، وعبد القادر علي ،وعلي محمد إبراهيم (علي مجاهد)، ومحمد خليف طغل، وعبد الرشيد شيخ محمود، ومحمود الشخ حسن، والشيخ عبد القادر محمد نور، والشيخ عثمان حسين أحمد، وحسين أحمد سعيد وغيرهم.

– حلقات الشيخ محمد شري الدغودي – رحمه الله – كانت عدّة. ومن تلك الحلقات:

أولا: حلقته التي في مدينة منديرا والتي كانت تدرّس علم الصرف وبخاصة كتاب لامية الأفعال لابن مالك إلى جانب سلسلة من كتب النحو بدءاً بالآجرومية، ومرورا بملحة الإعراب والعمريطي، والكواكب، وقطر الندى، وانتهاء بألفية ابن مالك.

ثانياً: حلقتاه في كلٍ من مسجد غرعلي، ومسجد بول جمهورية، وقد استفاد من هذه الحلقة كثير من طلبة العلم ، وكان من بينهم فضيلة الدكتور يونس عبد الله موسى – العالم الأكاديمي وصاحب المجهودات العلمية والمؤلفات الكثيرة – والشيخ أحمد عمر حسن الأزهري، وعبد القادر جيحو الأزهري، ونوح شيخ محمد ، ومحمد خليف، وغيرهم كثر.

– حلقة الشيخ محمد طقني الحسني التي كانت تدرّس بعض الكتب الآلة – اللغوية – مثل كتاب الألفية والأشموني، وحيث إنّ الشيخ محمد طقني ينحدر من قبيلة آل الحس المشهورة بهذا الفن فقد قام أيضاً بدراسة علم الصرف من كتبه المختصة والمشهورة بقطرنا الصومال الكبير كلامية الأفعال. والشيخ محمد طقني من أقران الشيخ محمد معلم حسن، والشيخ يوسف السيد علي، وقد كانوا يواظبون معاً على بعض الحلقات العلمية في منطقة الصومال الغربي. بحيث وصل الشيخ محمد طقني هناك برفقة من بعض أبناء عمومته مثل الشيخ محمد هادي حاج محمد وأخيه الشيخ حسن حاج محمد. وآخر عهدي بالشيخ محمد طقني لقاءً أنه كان حيّا يُرزق في منطقة الحدود الشمالية المعروفة ب "أنفدي" NFD موفور الصحة والعافية وقد مدّ الله له عمره وبارك فيه ، غير أنّه نُمي إلى علمي عند كتابتي لهذه السطور بأنّ فضيلته وافاه الأجل المحتوم وانتقل إلى الخلود.– رحمه الله وأدخله فسيح جناته–.

أخذ عنه العلم جمهرة من طلبة العلم الذين يشار إليهم بالبنان لعلمهم ، مثل الشيخ محمد شري، و الدكتور حسن عم طقني الحسني، والأستاذ الدكتور الفقيه الأصولي يونس عبد الله موسى المسري وغيرهم. الجدير بالذكر أنّ فضيلته يُدرّس التفسير، والفقه ككتب: المنهاج، وأنوار المسالك، وبلوغ المرام، ومتن التقريب، كل ذلك كان في مسجد بول جمهورية في مدينة منديرا.

- حلقة الشيخ محمد حاج عثمان علسو الدغودي في منديرا، في مسجدها المسمى بـ"مسجد روضة"، والشيخ موسوعي وكان يقوم بتدريس علوم كثيرة في أكثر من مكان، وكان من بين هذه العلوم علم الصرف الذي كان الشيخ متبحرا وماهرا فيه. والشيخ محمد حاج عثمان علسو تزامنا معاً في رحاب جامعة أم القرى بمكة المكرمة، وكان فضيلته يدرّس لنا بعض الدروس الدينية مثل علم الفرائض من كتاب الرحبية. ويمكن لنا تصنيف حلقته في حرم الجامعة ضمن حلقات علماء الصومال في المهجر. ويعتبر الشيخ من أعلم علماء قطرنا الصومالي الذين لا يزالون على قيد الحياة وهو مرجع لكل المسائل الفقهية والعقدية والنحوية، فهو أيضا مرجع لجميع الدعاة في كينيا والصومال عموما. ولكنه والشيخ – من كثرة تواضعه– لا يرغب في الظهور في الوسائل الإعلامية الأمر الذي أدّى إلى عدم تفطن الكثير من الناس إلى الكنز العلمي الذي يحمله الشيخ.. حفظه الله وأدامه بالصحة والعافية.

- حلقة الشيخ محمود إبراهيم المعروف بمقلاو الليساني، خريج الجامعة الإسلامية بالمدينة المنورة عام ١٩٨٠م، وكان له حلقة خاصة بمسجد بول جمهورية في مدينة منديرا، وكان يقوم بتدريس بعض كتب النحو من كتاب " الآجرومية " المعروفة في أوساط أهل العلم، ثم يواصل دراسة كتب النحو الأخرى وعلى رأسها كتاب " ألفية ابن مالك إلى جانب أنشطة علمية أخرى.

وفي الجانب الأكاديمي، كان الشيخ محمود عضواً في هيئة التدريس لمعهد النور الإسلامي في مدينة منديرا – بكينيا، وقبل ذلك في مدينة وجير بمعهد الفتح، مما يدل على أنّ المجهودات العلمية التي كان يبذلها الشيخ لم تكن تقتصر فحسب على دروسه في الحلقات العلمية في المساجد والزوايا، وإنّما كانت تمتد أيضاً إلى المقاعد الدراسية والفصول المدرسية في المنطقة. ومهما كان الأمر، فقد اتجهت إلى دروسه

– سواء في الحلقات العلمية أو في الفصول المدرسية مجموعة من طلبة العلم في المنطقة وغيرها، وكان من بين هؤلاء – على سبيل المثال– الدكتور نوح عبده، ومحمد خليف، وعبد الولي عدو، وعثمان حسين أحمد، وحسين سعيد أحمد، وسليمان خليف، وعمر علي، وعبد القادر شيخ محمد نور، ومحمود الشيخ حسن، وعبد القادر علي علمي، ومحمود جابر الغري، وبلو عبد الله ، وآدم أبيكر عمر، وفضيلة الأستاذ الدكتور يونس عبد الله موسى، أحد أعمدة الفقه وأصوله على مستوى منطقة الشرق الإفريقي، عبر دروسه الأكاديمية في الجامعات والكليات العلمية، وكذا عبر مؤلفاته ومناقشاته العلمية، وقد أوردنا تراجم بعض هذه القامات العلمية في كتابنا " معجم المؤلفين الصوماليين في العربية".

- حلقة الشيخ صلاد أحمد بَرْيري الدغودي، من مواليد إقليم منديرا – ناحية رامو – وقد تلقى علوم اللغة العربية في جمهورية الصومال، ومن أبرز شيوخه ، الشيخ محمد الأمين الرحويني ، والشيخ علي ديرو الدغودي، مما يدل على أنّه لم يأت من فراغ أن يترّبع على مقاعد العلم مدرساً. والشيخ كان يعقد حلقته في مسجدى الروضة والسمرة، ودرّس بعض كتب النحو والصرف: قطر الندى وبلّ الصدى، ولامية الأفعال، وألفية ابن مالك، والكواكب الدرية، والمعلقات السبع، وأرجوزة ابن العربي الحنفي. ويقول بعض الباحثين بأنّ الشيخ صلاة أحمد بَرْ يري بأنّه "سلطان اللغة العربية " في منطقة منديرا، وهذا اللقب استحقه بكل جدارة. وكيف لا وهو أستاذ لجميع المعاهد والمدارس، ومعطاء لا يضِن بعلمه، ويواصل ليله نهاره بحيث يظل دائما مدرّسا لجميع فنون اللغة العربية كالنحو والصرف والبلاغة والمعلقات السبع ، وتلاميذه أكثر من أن يُعدّوا ويُحصوا، وتخرج على يديه مئات من طلاب النحو والصرف سنوياً.

منطقة وجير:

- حلقة فضيلة الشيخ محمد الهادي حاج محمد عثمان حاج نور الحسني — رحمه الله — وكانت حلقته مباركة ومشهورة في أوساط أهل العلم، بل كان يشار إليها بالبنان من بين الحلقات الأخرى، لأنّ صاحبها كان بارعاً في علم الصرف، وينحدر من أسرة علمية اشتهرت بإتقان هذا الفن ونشره. وفي مدينة وجير، وفي مسجدها الجامع الكبير تحديدا كان الشيخ محمد الهادي يلتف حوله طلبة العلم، ، وحلقات الشيخ العلمية كانت متنوعة مثل: التفسير، والحديث؛ الصحيح البخاري، والفقه، بالإضافة إلى علم اللغة كالنحو والصرف والبلاغة، ومن طلابه المشهورين في وجير الشيخ عبيد الله الدغودي، وغيره، وقد استفاد من حلقاته في المنطقة وغيرها في ربوع الصومال الكبير أيضاً عدد من طلبة العلم يشار إليهم اليوم بالبنان.

وكان لحلقة الشيخ الصرفية ميزتها الخاصة على سائر الحلقات لما يتمتع به الشيخ من صيت ذائع بين الناس إذ كان ذا زهد وتواضع إلى جانب سيطرته بإحكام على ناصية المادة العلمية في الفنون التي كان الشيخ يقوم بتدريسها.

وقد أخبرني فضيلته في نيروبي في أواخر التسعينات في القرن المنصرم بأنّه قرأ كتاب درّس كتاب " لامية الأفعال" عدة مرات، واستفاد منه جمع غفير من طلبة العلم في مسجد أبي بكر رحمه الله.

منطقة غاريسا:

- حلقة الشيخ يوسف سيد علي طوح الأغاديني — رحمه الله — الذي كان له حلقات علمية على مستوى منطقة الحدود الشمالية المعروفة بـ (أنفدي) سواء في مدينة منديرا، وجير، وغاريسا، وكان يقوم فضيلته بتدريس علم الصرف في غاريسا

وبخاصة كتاب لامية الأفعال إلى جانب علوم وفنون أخرى مثل علم النحو بدءاً من كتاب الآجرومية المسمى بمتن الآجرومية للإمام أبي عبد الله محمد بن محمد بن داود الصنهاجي الشهير بابن آجروم (ت ٧٢٣هـ)، وقطر الندى وبل الصدى، لأبي محمد عبدالله جمال الدين بن يوسف بن أحمد بن عبدالله بن هشام الأنصاري المصري (ت ٧٦١هـ)، وألفية ابن مالك، للإمام أبي عبد الله جمال الدين محمد بن عبد الله ابن مالك الجيابي (ت ٦٧٢هـ).، وكذلك الحديث وعلومه.

والشيخ قد اعتكف قرابة ربع قرن في غاريسا بعد انتقاله من منديرا، زبهذا تمكن عدد كبير من طلّاب العلم في غاريسا من الاستفادة من دروسه وكان لقاطني داخل جمهورية الصومال كذلك الحظ الأوفر من الاستفادة من علومه عندما كان مقيما في مدنها؛ في كلٍ من مدينة جللقسي Jalalaqdsi ومقدشو، وكسمايو. وقد اجتهد فضيلة الشيخ يوسف على طوح على تنفيذ هدفه في نشر العلم وفنونه، مركزا وبصفة خاصة على العلوم اللغوية.

الجدير بالذكر أنّ فضيلة الشيخ يوسف كان عضواً في هيئة التدريس بالجامعة الإسلامية في مقدشو – ، وكان لي رحمه الله أخاً وزميلاً حيث كنا نعمل معاً في الجامعة الإسلامية قبل أن أنتقل إلى مملكة النرويج حيث المقام الحالي.

نيروبي:

– حلقة الشريف محمد المعروف بشريف طويل في مدينة نيروبي – عاصمة كينيا – وقد أشرنا إلى جهود الشيخ العلمية عند حديثنا عن مدينة منديرا. استمر الشريف محمد يلقي الدروس ويقعد المجالس العلمية في مسجد أبي بكر بعد انتقاله إلى نيروبي مع التركيز على كتاب لامية الأفعال في علم الصرف إلى جانب دروس لغوية

أخرى كالنحو من كتاب شرح الآجرومية والعمريطي وقطر الندى وألفية ابن مالك.

وعلى الرغم من أنّ هذه الحلقة كانت تقعد في نيروبي بكينيا إلا أن أغلب الناس الذين كانوا يرتادون إلى هذه الحلقة كانوا من طلبة العلم الذين لهم أصول من مناطق الحدود الشمالية المعروفة بأنفدي، بالإضافة إلى غيرهم من الطلبة الذين كانوا يهتمون بتعلم اللغة العربية مثل فن الصرف وغيره.

وقد استفاد من حلقات الشريف محمد عدد كبير، منهم: إسحاق دكالي، ومهد عبد النور، ومحمود شبيل، وقد امتازت هذه الحلقة بالاستمرارية والدوام حيث ظلت دائمة ومستمرة وغير منقطعة منذ قدومه إلى مدينة نيروبي حتى فترة كتابتنا هذه، حفظ الله فضيلته وألبسه لباس الصحة والعافية.

– حلقة الشيخ عبد القادر شيخ محمود السعدي المعروف بالشيخ عبد القادر عكاشة في نيروبي، وهذه الحلقة لم تختلف عن سابقتها التي كان رائدها الشيخ الشريف محمد (طويل) التي أسلفنا الحديث عنها، وهي حلقة مليئة بالعلم والمعرفة في فنّ الصرف، بحيث كان يقوم الشيخ بتدريس بعض الكتب في هذا الفنّ، مثل كتاب لامية الأفعال وما هو تابع له من الكتب المماثلة له.

ويجدر بنا أن نشير في ثنايا سطورنا هذه إلى أنّ الشيخ عكاشة كان بارعاً ومتقناً لهذا العلم، وقد حبب إليه تدريسه ونشره بكل تعاط وتفان من غير ملل ولا كسل بل كان يحرص عليه أكثر من حرص الطلّاب على هذا الفن.

ولا غرابة في براعته في هذه المادة العلمية بالذات لأنّ شرب من معين حلقة رائد علم الصرف في قطرنا الصومالي الشيخ عبد الرحمن الشيخ عبد الله يوسف طوب المشهور بـ شيخ عبد الرحمن الصرفيلي. والشيخ عكاشة كان أيضا على تواصل علمي مع أحد

العلماء البارعين في هذا الفن وهو فضيلة الشيخ محمد الهادي حاج محمد الحسني رحمه الله الذي تكرر الحديث عنه في هذا البحث.

ولأجل هذه العوامل وغيرها اتجهت إلى حلقة الشيخ عبد القادر عكاشة في نيروبي أنظار طلبة العلم ، بل وأتى البعض منهم من منطقة الحدود الشمالية (أنفدي) في شرق كينيا. وتدريس الشيخ لم يكن يقتصر على على علم الصرف وعلوم اللغة العربية فحسب، وإنّما كانت دروسه تمتاز بالتنوع ، كالتفسير والحديث والقعيدة. وقد تعرفتُ على فضيلة الشيخ عبد القادر عكاشة في أواخر السبعينات في القرن المنصرم بحيث كنتُ أحضر إلى حلقته في التفسير في مسجد أفريرشي في حي بونطيري بمدينة مقدشو. وكان الشيخ في هذه الفترة يقضي إجازته الصيفية بحيث كان يعمل في مدينة جوهر حاضرة إقليم شبيلي الوسطي كمدرس في المدارس الحكومية وقد أدركتُ هذه الحلقة في تفسير سورتي الطلاق والتحريم. والشيخ عبد القادر أخذ التفسير على يد الشيخ المفسرين لبلادنا في القرن المنصرم الشيخ محمد معلم حسن الحوادلي، وتأثرا بشيخه المفسر الراحل -تغمده الله بواسع رحمته- حُبّب إلى الشيخ عبد القادر عكاشة — التفسير وعلومه تدريسا وتأليفا حيث شرع في إصدار كتاب في تفسير القرآن الكريم كما أشرنا إلى ذلك في كتابنا معجم المؤلفين الصوماليين في العربية.

جيبوتي:

فقد تنامى نشر الدعوة الإسلامية وبعض الحلقات العلمية في "الساحل الصومالي الفرنسي" السابق، وجمهورية جيبوتي حالياً، عقب رحيل المستعمر الفرنسي واستقلال البلاد عام ١٩٧٧م إذ كانت المنطقة قبل ذلك مشغولة بالتحرير ومقاومة الاستعمار. وعند ما رحل المستعمر تدفق العلماء إليها وعقدوا فيها بعض الحلقات

العلمية في الإسلام وتعاليمه الحنفية السمحة، فاستولى على الساحة العلمية والدعوية في تلك البلاد دراسة التفسير والحديث والسيرة النبوية ، وبعض الدروس الفقهية .وعلى الرغم من أنّ مستوى النشاط العلمي في جيبوتي لم يصل إلى مصاف الحلقات العلمية التي كانت تجرى على مستوى المناطق الصومالية الأخرى، إلّا أننا نستطيع أن نجزم القول بأنّ الحركة العلمية في جيبوتي عموماً، وبخاصة الدراسات الإسلامية والعربية في الزوايا والمساجد قد انتعشت وتطورت بشكل ملحوظ.وقد ساهم في تحريك ودفع عجلة هذا الانتشار الديناميكي عدة عوامل هامة يجب أخذها في الاعتبار عند الحديث عن الحركة العلمية في جيبوتي، بيد أننا في هذا البحث الموجز نشير فقط إلى ثلاثة منها:

العامل الأول: الجولات العلمية التي كان يقوم بها العلماء في المنطقة ثم مكوثهم فيها ردحاً من الزمن ، لمناخها العلمي ولأجوائها الأمنية والهادئة التي استمالت بقلوبهم وانجذبت انظارهم إليها باعتبارها أرضية صالحة للإبداع وحاضنة للعلماء والمثقفين الأمر الذي أدّى بهم إلى اختيارهم لها مُقاما واستيطانهم فيها لفترة طويلة؛ استطاعوا خلالها الإثراء في الحياة العلمية والفكرية في البلاد، من خلال الجهود والأدوار العلمية التي كانوا يؤدونها أثناء الحلقات العلمية في الزوايا والمساجد، والمدراس والمعاهد.

ومن هؤلاء الرُّوَّاد – على سبيل المثال – :الشيخ عبد الله عمر نور الأوغاديني، صاحب كتاب "مسيرة الإسلام في الصومال الكبير" وهو شيخ فاضل، ومن الأوائل المتخرجين في الجامعة الإسلامية في المدينة المنورة، وقد اختار فضيلته أن يعمل في جيبوتي، حيث رحل إليها بعد تخرجه في الجامعة، وبقى فيها داعياً ومعلماً، وتزوج

فيها من ابنة الشيخ علي حاج حسن المشهور بالشيخ سوبني الليساني (صاحب مدرسة الفلاح في درردوا)، وقد استقر الشيخ عبد الله فترة من الزمن في جيبوتي.

– الشيخ عمر أحمد الأزهري المجيرتيني، وقد عاش مع أسرته في كلٍ من الصومال وجيبوتي والحبشة. وينتمي فضيلته إلى بيت علم وثقافة، و من سليلة فيها علماء ومفكرون وقانونيون وإعلاميون، وهو صاحب مجهود دعوي وسياسي وفير في المنطقة — .

الشيخ أحمد بشير بن محمد بن عبد الرحمن الغرغري الدري، أحد العلماء الصوماليين الذي اقام في جمهورية جيبوتي برهة من الزمن، وكان له نشاطه العلمي، وهو من علماء منطقة الصومال الغربي وخاصة بلدة هورسو المجاورة لمدينة درردوا، والشيخ أحمد بشير اشتهر بنشر العلم والمعرفة ، وكان إماما للمسجد الجامع في درردوا وخطيبها المفوه، وقد عرفه الناس بالتواضع وحسن الخلق وحبه لذوي العلم وتوقيره إياهم .وقد أخبرني فضيلة الشيخ عبد الله علي جيله الإسحاقي بأن الشيخ انتقل فيما بعد إلى الجمهورية الجيبوتي بعد الحرب الصومالية الإثيوبية عام ١٩٧٧م وإثرها استأنف نشاطه الدعوي ونشره للعلم، وكان الشيخ مشهوراً ومحبوباً في أوساط العلماء وطلبة العلم في قطر جيبوتي، ثم رجع إلى بلده الأصلي عقب كفاح طويل في أداء رسالة الإسلام في ذاك الربوع، وما أن وطأت قدماه في أرض الوطن الذي طالما عاوده الشوق والحنين إليها إلّا ووافته منيته التي كان على موعد معها بعد وصوله إليها بأربعة أيام في يوم الأربعاء١٩٨٤ /١ /١٥ م رحمه الله رحمة واسعة.. وهو صاحب كتاب " نزهة المشتاقين شرح أنسية العاشقين في معجزات سيد المرسلين."

العامل الثاني: رجوع بعض الرحلات العلمية إلى البلاد بعد نيل أصحابها المعرفة والعلم من مناهله الأصلية في اليمن والحجاز ومصر، وبدورهم أثّروا في الحياة العلمية بحيث صاروا معلمين وأساتذة في المدارس المتوفرة آنذاك، والبعض منهم أسسوا مدارس ومعاهد متطورة على غرار المدارس والمعاهد في البلدان التي عاشوا فيها.

لقد جسدت الآثار التي تركتها تلك الرحلات العلمية نحو البلدان الإسلامية تواصلا ثقافيا والذي بفضله ازدهرت الحياة العلمية في جيبوتي، فازدادت الحركة العلمية — بشيقيها النظامي والتقليدي — نوعاً من الازدهار والتطور بصورة سريعة وفعالة. ولا غرابة في ذلك، لأنّ الرحلة العلمية إلى الخارج كان يعتبرها أهل العلم نوعا من الدعوة والجهاد، و غالبية طلبة العلم كانوا يرحلون إلى الحرمين الشريفين أو إلى القاهرة، وكان من ثمراتها أن انضم غالبية هؤلاء إلى الجامعات في المملكة كالجامعة الإسلامية بالمدينة بالمدينة المنورة، وجامعة أم القرى بمكة المكرمة، وجامعة الإمام محمد بن السعود بالرياض، كما لحق العض منهم بالأزهر الشريف في القاهرة.

العامل الثالث: مدينة درردوا في منطقة الصومال الغربي، باعتبارها بوابة لجيبوتي ليس بأنّها — أي درردوا —، كانت مصيف جيبوتي يرحل إليها الناس في فترة الصيف، وكان يفد إليها طلبة العلم في المنطقة لينهلوا من مناهلها العلمية في المساجد والمدراس والمراكز الأخرى.

والعامل الرابع: يتمثل في دور مدرسة الفلاح التي كان يقودها ردحاً من الزمان أحد أعلام الصومال وهو الشيخ علي حسن سوبني الليساني الرحنويني رحمه الله، وقد تخرج في هذه المدرسة كوكبة من طلبة العلم الذين صاروا فيما بعد علماء أجلاء مثل الشيخ محمد معلم حسن الحوادلي، والشيخ القاضي موغي سمنتر العيساوي وغيرهم،

كما تخرج في هذه المدرسة بعض قادة المجتمع الجيبوتي، ويكفي أن نشير على سبيل المثال إلى أنّ فخامة الرئيس إسماعيل عمر جيلي استفاد من هذه المدرسة في فترة الشيخ علي حاج المذكور آنفاً.

وكانت جيبوتي تمتاز بأنّها همزة الوصل بين جمهورية الصومال ومنطقة الصومال الغربي، وكانت معبر كثير من الناس، ومن بينهم علماء وطلبة علم. ومن البديهي أن يترك هؤلاء أثاراً علميةً، والتي ظهرت بصماتها –فيما بعد – في المدراس والمعاهد العلمية التي تخرج فيها كثير من الطلاب الذين رحلوا فيما بعد إلى اليمن والسعودية والعراق وسوريا ومصر وغير ذلك. وبعد رجوع هؤلاء أثّروا الحياة من جانبهم في الحراك العلمي والثقافي ، بل ونشطت اللغة العربية من خلال المدراس والمعاهد والمنتديات الإعلامية، وكان لجامعة جيتوتي النصيب الأوفر من ذلك النشاط حيث أخذت دوراً مهماً في تفعيل الحركة العلمية في المنطقة برمتها.

والحديث عن الحركة العلمية في جيبوتي وعوامل ازدهارها في العقود الأخيرة، ومذا تفعيلها على الساحة، ولا سيما فيما يتعلق بالحلقات العلمية في جيبوتي، لا شك أنّ له قيمة عظيمة ، وفيه متعة، وخاصة أنّ جل الحلقات العلمية كان يغلب عليها العلوم الدينية — كما أسلفنا من قبل — وكيف لا، وهذه الحلقات كان يقودها العلماء الذين أعطوا جلّ اهتمامهم بالعلوم الدينية وأساسيات الشريعة الإسلامية، إلى جانب التربية الروحية، ومع ذلك لم تكن العلوم العربية غائبة عن الجهود العلمية التي كان يبذل هؤلاء كالنحو الصرف والمنطق، وغير ذلك، ونأخذ مثالين من هذه الحلقات التي قام أصحابها بتدريس علم الصرف فيهما، وهما:

- حلقة الشيخ عبد الله علي جيله – حفظه الله – في جيبوتي ، وقد كانت هذه الحلقة في مطلع التسعينات من القرن المنصرم، بحيث كان يدرّس كتاب " لامية

الأفعال " لابن مالك، وكذلك كتاب " التصريف في علم الصرف " وكذلك بعض شروح الكتاب المذكور. الجدير بالذكر أنّ كتاب تصريف العزي قد حظي بإقبال وتنافس في شرحه ونسخه وطبعه ونشره، لأنه كتاب موجزٌ في تأليفه مختصر في ألفاظه مضغوط في تراكيبه محكم في عباراته. ومن هنا أحتيج إلى من يبسط عباراته ويحلل تركيباته ويشرح ما غمض من ألفاظه، فتجرد لهذا العمل العلمي مجموعة من العلماء أسهموا في شرحه وتعليقه وضبطه، وحتى في اختصاره ليسهل على طلبة العلم الجدد في حقل اللغة العربية وخاصة الصرف.

وفيما يتعلق بحلقة الشيخ عبد الله علي جيله الذي نحن بصددها، فمن المعروف أنّ فضيلته كان له حلقة دائمة في مختلف العلوم والمعرفة ، غير أنّ الشيخ عبد الله كان يركز على تدريس القرآن وعلومه والحديث وعلومه والفقه وأصوله بتواصل واستمرار، دون غياب عنها الّا لعذر طارئ. ولم تكن دروس اللغة العربية وأدابها، كالنحو والصرف مثلاً تفقد حظها في التدريس في حلقات الشيخ العلمية.

ودروس الشيخ مسجلة وتُبث عبر الوسائل الإعلامية لدى أهل الصومال على مستوى الصومال الكبير، وذلك لمكانة الشيخ العلمية وعطائه العلمي المتواصل طيلة العقود الثلاثة الماضية.

ورغم أنّ الشيخ عبد الله مقره في جمهورية جيبوتي — حرسها الله من كل مكروه — إلا أنّه يتجول في أكثر من منطقة في القرن الإفريقي داعياً وناشراً للعلم.

والمتمعن في طريقة الشيخ عبد الله علي جيله في التدريس وإلقاء الدروس يرى بأنّ الشيخ له طريقة فريدة ومتميزرة، بحيث يبدأ بالمختصرات في كل فنّ يدرّسه ، ثم يتدرج بالطلبة للوصول إلى المطولات؛ ففي مصطلح الحديث— مثلا— يبدأ بالبيقونية

حتى يصل إلى الألفيات المعروفة، مثل ألفية العراقي وألفية السيوطي. وفي الحديث يبدأ بالأربعين النووية، وصولا في النهاية إلى تدريس البخاري ومسلم وكتب السنن.

والشيخ من عادته الاعتناء بإعداد الدرس، حيث يقضي جزأ كبيرا من الوقت في الإعداد والبحث، ولا يكتفي بالترجمة الحرفية، بل يتوخى بقدر الإمكان توصيل المعلومات إلى المفاهيم بأسلوب شيّق لا يمل منه الطالب مع طرح حلول للمعضلات التي يحتويها الدرس حسب مستوى الطلبة في الإدراك والاستيعاب.

– حلقة الشيخ محمد إيمان المعروف بـ "ابن لبون" الشيخالي بعد وصول الشيخ إلى جيبوتي عام ٢٠٠٤م، عقد حلقة يركز فيها على تدريس علم الصرف من كتاب "لامية الأفعال" لابن مالك، و" حديقة التصريف" لعبد الرحمن بن أحمد الزيلعي ، وكذلك كتاب" تصريف العِزّيّ" لمؤلفه العلامة النحوي عز الدين بن أبي المعالي عبد الوهاب الزنجاني العروف بـ " العِزّي "، ، واستطاع الشيخ ابن لنون قرآءة وشرح ٥٠٠ بيت من متن التصريف، وقد التف حوله جمع من طلبة العلم الذين استفادوا من حلقته وكانت حلقة مباركة. علماً أنّ للشيخ محمد إيمان "ابن لبون" حلقات علمية أخرى كان يدرس فيها التفسير والفقه، وكذلك اللغة العربية بما فيه فنّ الصرف. وكان الشيخ يتجول بين جيبوتي وجكجكا في الصومال الغربي، ويجتهد في نشر العلم حيثما حل ، حفظه الله فضيلته في حله وترحاله.

ونحن لا نشك أنّ للمسجد دورا كبيرا في تطوير الحركة العلمية في جيبوتي، لا سيما فيما يتعلق باللغة العربية وفنونها المختلفة، بحيث أسهمت عموم حلقات المساجد العلمية في الحفاظ على اللغة العربية والثقافة الإسلامية، بل ونرى أنّ المدرسة التقليدية كانت رائدة في الميدان العلمي عبر العصور الماضية ليست في جيبوتي فحسب ، وإنّما في عموم منطقة القرن الإفريقي، وبذلك لم تعرف جيبوتي لغة علمية

وثقافية غير العربية قبل الاستعمار الفرنسي، وهذا ما شجّع العلماء والمثقفين على تأليف الكتب والرسائل باللغة العربية، ويبرهن على ذلك هذا الكم الهائل من الإنتاج العلمي الذي حققه هؤلاء مثل:

- قرة العين في الرحلة إلى الحرمين الشريفين، للشيخ القاضي، عبد الله بن علي أبي بكر رحمه الله.

- رسالة المسجد في الإسلام للشيخ أمين محمد عمر.

- نزهة المشتاقين شرح أنسية العاشقين في معجزات سيد المرسلين، للشيخ أحمد بشير محمد عبد الرحمن.

- كشف السّدول عن تاريخ الصومال وممالكهم السبعة، للشيخ أحمد عبد الله ريراش.

- تهذيب موطأ مالك، للشيخ يحي إيبي.

- وهناك من العلماء المؤلفين من يعتبر من المكثرين في مجال التأليف، كالشيخ القاضي موجه درر سمتر، وقد ألف عدة كتب مطبوعة وغير مطبوعة مثل:

- "تاريخ الإسلام في جمهورية جيبوتي".

- "تنظيم القضاء الشرعي في جيبوتي".

- "تنظيم القضاء عند العيسى".

- "الشيخصيات البارزة في العيسى".

- "تاريخ فخامة الرئيس حسن جوليد أبتدون".

- "الأدبيات".

- "التقليد المتوارث في تولية الأجاس عند العيسى".

- "العيسى: شعب وتاريخ: تأملات في الفكر الفلسفي والسياسي والاجتماعي عند العيسى".

ومن العلماء المكثرين في التأليف أيضاً فضيلة الشيخ عبد الله علي جيله – المشار إليه سابقاً – وقد وضع الشيخ عدداً من الكتب والرسائل العلمية، ومن هذه ما يلي:

- التعليقات السّنيّة على قاعدة شيخ الإسلام ابن تيمية في الألفة.

- كتاب في فضل العلم وآدابه.

- كتاب الحج.

- مقدمة في قواعد الفقهية.

- أوراق في الناسخ والمنسوخ.

وهذه الرسالة تتبع الشيخ عبد الله علي جيله كتاب "الكوكب الساطع" لجلال الدين السيوطي المتوفي عام ٩١١هـ.

- منظومة ابن مالك في فعل الناقص الذي يأتي بالوجهين (و – ي) الموجود في كتاب مزهر في علوم اللغة للسيوطي (جمع وشرح).

واستطاع هنا الشيخ جرد منظومة ابن مالك المذكورة من كتاب مزهر وجمعها على شكل مستقل ثم قام بشرحها وتبسيطها.

- تخريج أحاديث الواضح في أصول الفقه لدكتور الأشقر.

- تخريج وتعليق لكتاب آداب الأوبية والأسقام من بذل الماعون في فضل الطاعون

للحافظ بن حجر العسقلاني.

– لمحات في آيات وأحاديث الصفات.

– بحوث في المعاملات المالية.

الباحثون امتدادا من الحلقات العلمية في جيبوتي:

ظهرت في الساحة العلمية كوكبة من الباحثين استخدموا اللغة العربية في الكتابة والتأليف، وهناك دراسات مكتوبة باللغة العربية حول أحوال اللغة العربية في جيبوتي قام بها بعض الباحثين من أبناء هذه البلدة الذين هم أدري بأوضاع احوال البلاد من غيرهم. هذه الدراسات تبشر بأن اللغة العربية بخير وأنّ المدرسة التقليدية في جيبوتي آتت أكلها وأنها كذلك نجحت في تخريج علماء نذروا أنفسهم لنشر العلم تطوعاً عبر الحلقات العلمية على غرار العلماء في العالم الإسلامي، وبذلك يعتبر هؤلاء الباحثون امتداد وأولى ثمرات المدرسة التقليدية التاريخية وروادها في منطقة القرن الإفريقي، ومن هؤلاء:

– الأستاذ إلياس إدريس أحمد، عمل مدرّساً في مدارس تعليم العربية في جيبوتي، وهو عضو في هيئة البحوث والدراسات التابعة للمجلس الأعلى الإسلامي. وقد أنجز الأستاذ إلياس كتاباً سماه: "مراسي الأشواق على عتبات الوصال"، والكتاب عبارة عن ديوان قصائد دينية للسادة القادرية الزيلعية في القرن الإفريقي، ويتضمن أيضا فيه أدعية وابتهالات، ومدائح نبوية، ومناقب، وفي الجملة الكتاب يوثق جانباً ممهماً من التراث الثقافي في القرن الإفريقي، وهو التراث الديني او الإنشاد الديني للسادة القادرية في القرن الإفريقي. وللمؤلف مؤلفات أخرى مثل:

– "المسجد بين التربية والسياسية".

أضواء على الثقافة الإسلامية في جيبوتي – مؤسساتها وروادها.

– آدم عثمان درار، يعمل باحثاً في مركز الدراسات والأبحاث في جيبوتي، قسم معهد العلوم الاجتماعية والإنسانية، وهو مسؤول ملف العلاقات مع المراكز العربية. والأستاذ عثمان درار أنجز بحثاً نفيساً أطلق عليه: "الاستعمار الفرنسي في جيبوتي ١٨٦٢–١٩٧٧م".

– الأستاذ آدم محمود علي الذي كتب رسالة علمية بعنوان "فاعلية الإدارة المدرسية في التعليم الاهلى العربي فى جيبوتي (دراسة ميدانية بجيبوتى العاصمة)"، وقد شملت دراسته تاريخ التعليم فى جيبوتى والمدارس الاهلية العربية ووضع اللغة العربية والتعليم الاهلى العربى ومنهاجه والطرق والاساليب المستخدمة وفاعلية اللغة العربية فى المدارس الاهلية العربية وانتهجت المنهج الوصفى التحليلى واستعانت فى جمع البيانات بالاستبانه والمقابله وهدفت للتعرف على المشكلات التربوية التى تواجه التعليم الاهلى العربى فى المنطقة والمتمثله فى مشكلات الادارة المركزية والمناهج واعداد المعلمين والمبانى والتمويل ونظرة المجتمع الجيبوتى للغة العربية وخلصت الى ان المدارس العربية لعبت دورا كبيرا فى تمسك الشباب الجيبوتيين بدينهم وازدياد الاقبال على تعليم اللغة العربية , يعترض تطور المدارس على مشكلات منها وضع المنهاج والاعداد المهنى للمعلمين وإن أساليب القياس والتقويم غير واضح لكثير من أصحاب المدارس ومقدرات اللغة العربية مستوردة من الدول العربية، وأن المعلمين يجدون صعوبات عند استخدامهم للوسائل التعليمية الحديثة، وأوصت الدراسة بوضع منهج دراسي وطني يتلاءم مع ظروف وحاجيات التلاميذ وانشاء معهد لاعداد وتدريب المعلمين وتفعيل دور مجلس الاباء وتوفير الوسائل التعليمية للمدارس وضرورة انشاء وحدة اشراف تربوى. الجدير بالذكر أن أصل هذه الدراسة

كان دراسة علمية في كلية التربية والدراسات الإنسانسة بجامعة إفريقيا العالمية –
الخرطوم – السودان.

– معالي الأستاذ حامد عبد سلطان تناول أحوال اللغة العربية في المدارس من
خلال بحثه "منهج تعليم اللغة العربية للمرحلة الإعدادية في المدارس الحكومية في
جيبوتي : دراسة تحليلية تقويمية" ، ويمتاز الكاتب هنا بأنّه وزير الأوقاف والشئون
الإسلامية لجمهورية الجيبوتي السابق، وباحث قديم ويهتم بهموم الأمة.

– الأستاذ حسين جوليد له بحث حول اللغة العربية "المدارس الأهلية الجيبوتية
ودورها في اللغة العربية".

– الأستاذ حسين سمتر كتب رسالة أطلق عليها: "منهج مقترح للغة العربية للمرحلة
الإبتدائية في المدراس الحكومية الجيبوتية ".

– الأستاذ روبلة حسين أنجر بدوره بحثاً تناول فيه معلمي اللغة العربية في البلاد،
وبحثه الذي كان في عام ٢٠٠٢ محاولة لبرنامج مقترح لإعداد معلمي اللغة العربية
للمرحلة الإعدادية الحكومية بجمهورية جيبوتي" .

– الأستاذ طاهر جامع له بحث حول "تحليل الأخطاء النطقية لطلاب المدارس
الأهلية بجيبوتي ".

– الأستاذ أحمد ميجية، وضع بحثاً عنوانه : "تعليم اللغة العربية في المدراس الحكومية
الجيبوتية المرحلة الإعدادية".

– الأستاذ عبدالرحمن علي كتب بحثاً "حول تعليم اللغة العربية في جيبوتي"
المشكلات التي تواجه تعليم اللغة العربية في المدراس الثانوية الحكومية في جيبوتي
(دراسة وصفية تحليلية)".

– الأستاذ عبدالله براله تناول أثر الإعلام في اللغة العربية في بحثه الذي كان بعنوان "أثر الإعلام في نشر اللغة العربية في جيبوتي ٢٠٠١– ٢٠٠٣ ".

– الأستاذ عبدالله علي كتب عن "تطوير أساليب إعداد معلمي اللغة العربية في المدارس الحكومية الابتدائية في جمهورية جيبوتي "

– الأستاذ عبد الله مؤمن أحمد له بحث سماه : "حركات المقاومة الجيبوتية ودورها في تحرير جيبوتي من الاستعمار الفرنسي".

– الأستاذ عبد الوارث علي آدم ألَّف رسالة سماها: "وهج القناديل"، والكاتب أديب وشاعر ماهر، وكتابه المذكور عبارة عن ديوان شعر وضعه الشاعر، والقارئ للكتاب يشعر لأول الوهلة بأن الكاتب يريد أن يشارك معه احساسه وشعوره في قضايا عدة تضمنها ديوانه وأبرزتها قريحته الشعرية.

– والأستاذ محمد طاهر روبلة أنجز بحثاً علمياً عميقاً حول الحركات في بحثه "التعددية في فكر الحركات الإسلامية المعاصرة وعلاقتها بالمشروع الإسلامي ".

– الأستاذ نور عسكر ألف رسالة أطلق عليها "دوافع تعليم اللغة العربية في المجتمع الجيبوتي " طلاب الجامعات السودانية ".

الجدير بالذكر أنّه لم يكن هدفنا أن نتتبع الإنتاج العلمي والثقافي لجمهورية جيبوتي – وهو بلا شك أمر له أهمتيه العلمية – ولكن لأجل الإشارة – ليس الّا – إلى ثمرة المدارس التقليدية في المنطقة وبخاصة تلك التي عُنيت باللغة العربية وفنونها المختلفة وكيف أنّ هذه المدراس ساهمت في تعريب الحركة العلمية في البلاد مدّا وجزراً لدرجة أنها حوّلت تلك الأقلام من الفرنسية إلى العربية.

وما قدمناه هنا عن مساهمات العلماء في علم الصرف في قطر جيبوتي عبر الحلقات العلمية ليس إلّا مجرد ضرب الأمثلة التي قد لا تشفي العليل ولا تروي الغليل على أمل أن تظهر دراسات عميقة أخرى تبرز مستوى الحركة العلمية في هذا القطر وحلقاته العلمية بشكل أعمق وأوسع بإذن الله.

منطقة الصومال الغربي:

كانت هذه المنطقة تتمتع بحركة علمية نشطة قبل احتلال الحبشي الإثيوبي، وكانت بعض المدن مثل مدينة هرر المحروسة مزدهرة وتتجه إليها الرحلات العلمية التي كانت تأتي من داخل منطقة القرن الإفريقي وخارجها، إلا أنّ المنطقة تدهورت أحوالها في جميع النواحي الحياة بسبب الحروب والمنازعات بين المسلمين ونصارى الحبشة عقب الاحتلال. وعلى الرغم من ذلك وما حصل فيها من التباطؤ والتدهور العلمي إلا أنّ الحلقات العلمية التقليدية بما فيها علم الصرف استمرت وإن كانت أقل من ذي قبل، ولم يكن فنّ الصرف خالياً من الحلقات اللغوية التي كانت تجري في منطقة الصومال الغربي، بل أنّ العلماء كانوا يعطون اهتمامهم بعلوم الآلة من نحو ، وصرف، وبلاغة، أكثر من العلوم الأخرى كالفقه وأصوله، والقرآن وعلومه والحديث وعلومه[1]، وهذه المنطقة كانت تتميز ببعض المراكز والقرى العلمية مثل: هرر، درردوا، عِين ، قلنقول، ، عرمالي، غدي، طغحبور، جغجغا، قلافو وغير ذلك. ومن هذه الحلقات:

- حلقة الشيخ أحمد إبراهيم المشهور بشيخ أحمد أماطن نسبة إلى عشيرته أماطن من قبيلة الأوغادين الصومالية، وكان الشيخ أحد العلماء البارزين في منطقة

---

[1] الدكتور عمر إيمان أبو بكر: طريقة طلب العلم الشرعي في الصومال، بحث منشور في مواقع تواصل الاجتماعي، ص ٢٦

الأوغادين (غرب الصومال)، وكان له مجالس علمية يقرأ فيها علوماً متنوعةً، بحيث كان يدرس التفسير، والحديث من كتب الرياض الصالحين وابن جمرة والبخاري، وفي علم الفقه كان يقرأ في حلقته كتب الفقه الشافعي بدءاً بالسفينة ، ثم ابن قاسم وغيره. وقد اشتهر أيضاً فضيلة الشيخ أحمد إبراهيم حلقته في علم الصرف التي كان يقرأ فيها كتاب لامية الأفعال، وقد تخرج في حلقته جمع من رواد طلبة العلم ، ومن بينهم فضيلة الشيخ عبد الله علي جيلي — حفظه الله — أحد العلماء المشهورين في منطقة القرن الإفريقي، وخاصة جمهورية جيبوتي، وله مؤلفات عدة مثل: (التعليقات السّنّية على قاعدة شيخ الإسلام ابن تيمية في الألفة ونبذ الفرقة"، كتاب في فضل العلم وآدابه، كتاب الحج، مقدمة في قواعد الفقهية، أوراق في ناسخ ومنسوخ، وغير ذلك). وعلى كل حال فقد ترك الشيخ أحمد إبراهيم المشهور بشيخ أحمد أماطن أثراً علمياً على الحياة العلمية في المنطقة، كما استفاد مجالسه العلمية عدد من طلبة العلم الذين يصعب حصرهم.

– حلقة الشيخ الحاج محمد طعس في منطقة الفاف قرب مدينة قبردهري في غرب الصومال، أحد العلماء المرموقين في زمانه بالمنطقة، وكانت حلقته مليئة بالعلم في أكثر من فنّ بما فيها علم الصرف، وكان الشيخ محمد طعس يقوم بتدريس أغلب العلوم الدينية من تفسير وحديث وفقه واللغة كالنحو والصرف، وقد تخرج في حلقة الشيخ الحاج محمدطعس جمع غفير من أهل العلم، ومن هؤلاء الذين نهلوا من مناهل علمه الشيخ إبراهيم حاشي محمود المكاهيلي الأغاديني، صاحب المؤلفات الكثيرة والابداعات المتنوعة. والشيخ إبراهيم حاشي محمود كان يعطي اهتماما كبيرا في تقوية اللغة العربية بالإضافة إلى العلوم الأخرى، ومن هنا أخذ عن شيخه العلوم الدينية من فقه وتفسير ، وحديث والنحو والصرف وغيرها من العلوم العربية التي

تسمى عند أهل الصومال "علم الآلة" فقرأ عليه الأجرومية وأبو شجاع ثم تركه ليذهب إلى منطقة في غرب شمال الصومال عام ١٩٤٣م.

ومن الجدير بالإشارة إلى أنّ الشيخ إبراهيم حاشي محمود كان يحب العلم وأهله، ويواظب لطلبه بقدر الإمكان، وقد أدى ذلك إلى أن فارق الدار وأهله، واختار بمنطقة بعيدة عن منطقته، فتمكن تدريس علم النحو والصرف على أيدي شيوخ برعوا في تدريس النحو والصرف على الطريقة الأزهرية القديمة ، كما درس كتاب ألفية ابن المالك في شهرين وحفظها عن ظهر قلب ثم تولى تدريسها للطلاب في ستة أشهر قفل بعدها راجعا إلى أرض الوطن. ثم ذهب إلى مدينة قلافو لدراسة الفقه الشافعي، وخاصة كتاب منهاج الطالبين لمحب الدين النووي بعد أن استأذن ذلك أباه، فدرس الفقه على يد الشيخ جامع حاشي حيث قرأ عليه نصف الكتاب ، وفي أواخر عام ١٩٤٩م وصل إلى مقدشو قادما من قلافة مواصلا طلبة العلم إضافة إلى قيامه بتدريس العلوم العربية في جامع مرواس ثم بعد فترة وجيزة رجع إلى منطقة الصومال الغربي وبالذات مدينة قبردهري وذلك سنة ١٩٥٨م.

– حلقة الشيخ محمود شيخ أحمد قرني القطبي – رحمه الله — نسبة إلى قبيلة آل الشيخ القطبية، وكان الشيخ يقوم بدراسة علوماً عديدةً في اللغة العربية وغيرها، غير أنّ حلقته اشتهرت دراسته بفنّ الصرف، بحيث كان الشيخ يقرأ كتاب لامية الأفعال لابن مالك، وكذلك شرح اللامية المسمى "شرح بدر الدين على لامية الأفعال"، لابن جمال الدين أبي عبد الله محمد بن عبد الله بن مالك. وكان الشيخ محمود شيخ أحمد قرني يدرس في حلقته الصرفية أيضاً كتاب "شرح لامية الأفعال الصغير" ، وكتاب شرح لامية الأفعال الكبير، وكلاهما للشيخ بحرق الحضرمي.

وكان يلتف حول الشيخ محمود جمهور من طلبة العلم ، لم يكن هدف غير حصولهم بالعلم وفهمهم لفن الصرف الذي كان الشيخ بارعا ومتفننا فيه، ومن بين طلبته الذين نهلوا ينبوع علميه فضيلة الدكتور الشيخ محمد إيمان آدم المعروف في أوساط المثقفين والدعاة بالشيخ الشاطبي، أحد العلماء الصوماليين في المهجر، وصاحب العطاء الدروس العلمية والدعوية في الغرب، كما أنّ فضيلة الدكتور له بعض مؤلفات مثل: (التطبيقات الفقهية لقاعدة: "الميسور لا يسقط بالمعسور" جمعاً ودراسةً؛ وكتاب زيادات الإمام النووي واستدراكاته على الإمام الرافعي من بداية كتاب الصلاة إلى نهاية صلاة التطوع من خلال كتاب الروضة-جمعاً ودراسة مقانة).

- حلقة الشيخ: عبد القادر شيخ إبراهيم من آل القطبي- حفظه الله- نسبة إلى قبيلة آل الشيخ القطبية المعروفة لقطرنا الصومال الكبير بدورهم الديني والعلمي، وكانت هذه الحلقة الصرفية في قلنقول في غرب الصومال. وقد تتلمذ على يده جهابذة من العلماء المرموقين في منطقة القرن الإفريقي، ونشير من هؤلاء فضيلة الشيخ محمود الشيخ أحمد قرني الشيخالي القطبي، اللغوي الماهر ، وصاحب حلقة عامرة في قلنقول، وقد أخذ عن شيخه علم الصرف من خلال الكتب الصرفية المشهورة في المنطقة، مثل:

- كتاب لامية الأفعال، لابن مالك وشرحها

- كتاب شرح لامية الأفعال الصغير، لبحرق الحضرمي.

- كتاب شرح لامية الأفعال الكبير، بحرق الخصرمي.

- حلقة الشيخ محمد تماعدي Timo cade الشيخ إسماعيل جوليد الأغاديني (عوليهن) في منطقة قلنقول، وكانت حلقته مشهورة بالفقه واللغة بشقيه الصرفي والنحوي، وقد تخرج من حلقته جمع كبير من طلبة العلم. والحقيقة أنّه لا يستغرب أن تكون قلنقول مثل هذه الحالة العلمية العالية، فقد تجمع فيها جهابذة العلم منذ أن صارت مركزاً مرموقاً يشع نور العلم والمعرفة، وليس من اليسير الحصر على النشاط والحلقات العلمية التي كانت تتميع قلنقول، ومن حلقات حلقة الشريف علي طيرى، وهو من الأشراف، كانت حلقته من الحلقات التي يشار إليها بالبنان في قلنقول. وفي منطقة البارجون Baarjuun التابع بمدينة غدي Godey شهدت حلقات علمية المختصة بعلم اللغة كالصرف والنحو والبلاغة وغير ذلك مثلها مثل المناطق الأخرى، غير أنّ سمة غالبية الحقات العلمية كانت تأخذ بعلوم الشريعة وأصول الدين، ونضرب بعد نماذج من ذلك مثل:

- حلقة الشيخ محمد شبل حاج عبدي حاج إبراهيم الويتيني في منطقة البارغون التابع لغدي Godey، وكان لفضيلته أكثر من مجلس يلتف حوله طلبة العلم في منطقة الصومال الغربي، كما أنّ حلقته كانت مليئة بالعلم والمعرفة.

- حلقة الشيخ أحمد سلطان معلم مُحُمد الأغاديني في قرية بارجون التابعة بمحافظة غدي Godey، وكان الشيخ أحمد سلطان يدرس بعض علوم اللغة العربية مثل النحو الصرف حتى التف حول طلبة العلم واستفادوا من علومه، وأغلب طلبة العلم في المنطقة أخذوا علم اللغة منه. وممن استفاد هذه الحلقة الشيخ يوسف سيد علي طوح، أحد العلماء الدعاة، وصاحب الحلقات العلمية، والمؤلفات المفيدة، ومن هنا فلا يستغرب فضيلة الشيخ يوسف علي طوح أن يتولى بتدريس الصرف في حلقاته حيث قام بتدريس علم الصرف وخاصة كتاب لامية الأفعال في

إقليم غارسا الصومالية في كينيا – كما أشرنا من قبل – وفتح هناك مدرسة أطلق عليها مدرسة الهدى الابتذائية الإسلامية في قرية هُلُق Holoqo.

– حلقة الشيخ عبد الرحمن بن أحمد الزيلعي في مدينة هرر عند وصوله إليها قادماً من قريته بيولي في محافظة بكول، وكانت إذ ذاك تحت إمرة الأمير أحمد بن أبي بكر، واتخذ الزيلعي من جامع هرر مركزاً لنشاطه التربوي والتعليمي، والتحقق بحلقته الدراسية التي أنشأها حديثاً أعداد كبيرة من طلبة العلم من هذه المدينة، ومن حولها، وكان من بينهم أميرها، أحمد بن أبي بكر. ولم يكن عمل الزيلعي، فيما يظهر محصوراً على التدريس فقط، بل وعلى إعداد المواد التعليمية، وتأليف المقررات الدراسية أيضاً؛ فقد روى أنه درّس طلابه كتاباً في الصرف بعنوان"اللآلي"؛ فوجده صعباً عليهم؛ فشرع يؤلف كتابه، حديقة التصريف، وشرحه، فتح اللطيف كمقرر بديل عن ذلك الكتاب في مادة الصرف، كما سبق الحديث عن ذلك.

– حلقة الشيخ عبد الرحمن بن أحمد الزيلعي أيضاً ولكن في مدينة جكجكا بحيث انتقل الشيخ إليها عند ما غادر من مدينة هرر، واتجه إلى مدينة جكجكا لأي سبب كان، وفور وصوله إلى جكجكا نزل ضيفاً على صديقه حاج جامع القطبي الشيخالي، فوجد الزيلعي مدينة جكجكا تختلف عن مدينة هرر من حيث والقبول والترحيب، بل أهل جكجكا وضواحيها أحبّوا الزيلعي حتى التفوا حوله، لأنّهم سمعوا شخصيته ونشاطه العلمي عندما كان متواجداً في هرر والتي لا تبعد كثيراً عن جكجكا، ومن هنا قصد إليه طلبة العلم وتزاحوا بمجلسه العلمي حرصاً على الحلقات العلمية التي كان يعقد الزيلعي صباح مساء يومياً ما عدا يوم الجمعة. فكان يدرس فنون اللغة العربية كالنحو والصرف والبلاغة وعلوم القراءات. ولما لاحظ الزيلعي كثرة الوفود والقاصدين إليه ومن هنا حرص على اختيار نخبة خاصة

يقوم تربيتهم تستطيع حمل رسالته العلمية والدعوية فأسس جماعة أطلق عليها بـ اسم "أولا مدّو" أي (طلبة أصحاب العصى السود) Xerta Ulo Maddow، وكان لهؤلاء دور كبير في إرساء أعمدة اللغة العربية في هذه المنطقة، غرب الصومال حتى أصبحت مقراً لعلومها المختلفة كالنحو والصرف والبلاغة والعروض يقصد إليها طلاب العربية يولون وجوههم صوب هذه المنطقة لدراسة تلك الفنون التي يطلق عليه (علم الآلة).

وقد تخرج على يد الزيلعي نخبة من العلماء أشرنا في كتابنا "عباقرة القرن الإفريقي".

أما ناحية العِين Ciin في قرية بِرقُد Birqod التابعة بمحافظة طغحبور Dhagaxbuur في الصومال الغربي فكانت لا تقل نشاطاً وحركةً من المراكز الأخرى في المنطقة، وإليها يُنسبُ كوكبة من العلماء حملوا لواء النور والمعرفة في داخل بلاد الصومال الكبير وخارجها، وبل تمتاز العِين بأنّ فيها أسر دينية علمية اشتهرت في المنطقة وداع صيدها في ساحات العلم، ومن هنا فليست من الغرابة أن يشدّ إليها طلبة العلم ويتجه إلى حلقاتها العلمية التي كانت تدرس علوم الشريعة وأصول الدين، بالإضافة إلى علم اللغة التي يسمى عند أهل الصومال بعلم الآلة، كالنحو والصرف، ويقال أنّه قلّ ما كان تجد عالم من العلماء لا يتناول حلقته بفن الصرف أو النحو، بحيث تفننوا علوم اللغة واشتهروا بدراستها ومواظبة نشرها في أوساط طلبة العلم. ومن هذه الحلقات:

- حلقة الشيخ مُحمد سغل حسن الويتيني في مركز عِين، ورغم أن الشيخ كان فقيها وبارعا في الفقه، إلا أنه كان موسوعيا في العلوم الأخرى مثل اللغة، وكان يدرس ببعض كتب النحو والصرف، وقد استفاد منه خلق كثير صاروا فيما بعد علماء حملوا الأمانة ونشروا العلم في أكثر من مكان.

- حلقة الشيخ سيد نوري سيد عبد الله سيد حسن الويتيني في منطقة العِين، وقرأ الشيخ بعض الكتب الصرف والنحو، بالإضافة إلى العلوم الدينية ، وكان له دروس مباركة ، ولا عجب في ذلك لأنّ شيخه في العلوم الشريعة كان الشيخ مُحمد حسن الويتيني.

- حلقة محمد معلم حسين عدي الأوغاديني (رير إساق)، في مركز العِين ، وكان له حلقات علمية كالصرف والنحو على الرغم من أنّ حلقته اشتهرت في دراسة الفقه علوم الشريعة، مما يدل على أنّ فضيلته كان موسوعياً ملماً أكثر من فن من فنون العلم. وقد توفي الشيخ محمد معلم حسين عدي — رحمه الله وأسكنه فسيح جناته — في منتصف السبعينات من القرن المنصرم، ودفن هناك.

- حلقة مُحمد حاج حسين حاج سعيد الأغاديني (محمد زبير)، في منطقة العِين، ثم في قرية طنان بحيث انتقل إليها، وكانت حلقته معروفة بالصرف، والنحو، وهو والد الشيخ إبراهيم طيري، السياسي والمناضل.

- الشيخ محمد إسلان الأغاديني في منطقة العِين، وهي موطن مسقط رأسه، وكان يدرس علوم اللغة مثل الصرف، والنحو، وكذلك كان له حلقة التفسير والحديث، وهو والد السيد أحمد محمد إسلام، رئيس ولاية جوبالاند في الصومال.

- حلقة الشيخ إبراهيم نور الأغاديني (محمد زبير)، وكانت حلقته مليئة بعلم اللغة كالنحو والصرف، ومع ذلك لم تخل العلوم الدينية الأخرى.

- حلقة الشيخ عبد الرحمن سيد محمود سيد حسن الويتيني في العِين، ومن طلابه الشيخ عبد الله سغل الويتيني ، وكان الشيخ عبد الرحمن سيد محمود يركز حلقته اللغة العربية، وقرأ بعض كتب النحو مثل: الأجرومية والعمريطي وقطر الندي. كما

بحيث لم يأت من فراغ أن تتوجه إليها طلبة العلم، والمكوث فيها ، كما أنّ آثار العِين العلمية تجاوزت إلى آفاقة بعيدة وفي المهجر الصومالي، ونرى اليوم تلك الآثار في أكثر من بقعة من هذا العالم،   ومن هنا يبغي أن تسلط الأقلام الباحثين والمهتمين بالحركة العلمية في بلادنا على هذا المركز وغيره من المراكز العلمية في المنطقة.

والعِين إحدى المراكز العلمية في قطرنا الصومال الكبير، وقد برز فيها كوكبة من العلماء الذين حملوا العلم ونشروا إلى آفاقة مختلفة، ومن هؤلاء شيخنا الفاضل الشيخ عبد الله الشيخ مُحمد سغل حسن إيمان إدريس جامع الويتيني، ورغم أنّ الشيخ غلب عليه التواضع والتستر ولا يحب الظهور إلا أنّه في الحقيقة نجم لامع في سماء لندن بالمملكة المتحدة يسير على خطى شيوخه في التواضع ونشر العلم ، صابراً جلداً، يأتي إلي مقره طلبة العلم من مختلف الجنسيات، بل وأحياناً يتنقل بين المدن في المملكة. وبالتوفيق من الله حالفني الحظ زيارة فضيلة الشيخ علي سغل في بيته العامر في لندن، بحيث التقيتُ فضيلته في مطلع عام ٢٠٢١م برفقة من طلبة العِلم، وبعد الحديث مع فضيلته لاحظتُ مكانته العلمية، وغيرته الدينية، ومنذ ذلك الوقت عرفتُ الشيخ جنداً مجهولاً لا يهدأ عند ما يأتي إليه من يطلب دراسة فن من فنون العلم من قبل طلبة العلم، مهما كانت ظروفه الصحية — حفظه الله وأدامه الله بالصحة والعافية — ولا غرابة في ذلك لأنّ فضيلته له جذور من عِين حيث تعلم علوم الشريعة منذ أن كان شاباً يافعاً.

وقد بدأت حياته العلمية في البيت ومسقط رأسه بحيث كان أبوه وعمه من العلماء المرموقين في المنطقة عموماً، وفي مركز العِين خصوصاً، ولم يقتصر جهود الشيخ عبد الله سغل في طلب العلم في ذلك، وإنّما حرص على استمراره والاحتكاك مع

العلماء في المنطقة، ثم رحل إلى داخل جمهورية الصومال. وعند ما اشتدّ صاعده انتقل إلى المستوى الأكاديمي بعد أن التحق بالجامعة الإسلامية بالمدينة المنورة في المملكة العربية السعودية، ومنذ ذلك كان الشيخ عبد الله يقوم بتدريس بعض العلوم في أروقة الجامعة، ثم بعد سافر إلى المهجر وخاصة إلى المملكة المتحدة لم يزل الشيخ يقرأ الدروس، واستفاد من علمه عدد كبير من طلبة العلم في لندن وغيرها، وكذلك وصل نشاطه العلمي في الوسائل الإعلامية، وسجل عدد من الدروس العلمية، وقد استفاد من ذلك الجالية الصومالية في المهجر، بارك الله في جهود الشيخ العلمية.

– حلقة حاج يوسف معلم عبدي الأغادين (محمد زبير) في منطقة غنغلو Guunagalo تحد مركز العِين شمال الشرق وكان بارعا بعلم الصرف والنحو والعلوم الإسلامية الأخرى. ومن أصحاب الشيخ الحاج حسن غوليد آدم وبي الأغاديني (محمد زبير)، أحد الأعلام المشهورين في المنطقة.

ومركز عرمالي والقرى المحيطة به في منطقة الصومال الغربي يُعدّ من المراكز العلمية المعروفة في قطرنا الصومال الكبير، وقد برز منها كوكبة من أهل العلم قادوا الحركة العلمية للمنطقة. ويكفي أن نشير إلى دور قرية لبحباح التابعة لعرمالي العلمية، وقد برز فيها نخبة من أهل العلم من قبيلة آل قطب الشيخالية الصومالية المشهورة في ريادة الدين والعلم، وكذا علماء من آل الحسن الذين تتلمذوا على أيدي شيوخ آل قطب المشار إليهم لا سيما عشيرة آل الشيخ آدم، والحلقات العلمية في هذه الناحية كانت غنية بمختلف الفنون وصنوف العلم والمعرفة مثل القرآن وعلومه والحديث وعلومه والفقه وأصوله وأصوله، وكذا اللغة وآدابها.

ورغم أنّ الحلقات العلمية كانت تشمل على أغلب العلوم إلا أنّ الدروس اللغوية كانت تأخذ مساحة كبيرة ، بل أنّ بعض الحلقات كانت تعطي اهتمامها على

دراسة علم النَّحو مثل: كتاب متن الأجرومية، ثمَّ العمريطيّ، ثم كتاب ملحة الإعراب، ثمَّ كتاب الكواكب الدُّريَّة، ثم كتاب قطر النَّدي وبل الصَّدى، ثم يختتم العالم بدراسة كتاب الألفية لإبن مالك، وكذا بعض شروحه مثل حاشية الخضري.

أما مجال علم الصَّرف وضروبه، فكان العلماء يقومون بتدريس كتاب لامية الأفعال لإبن مالك، ثمَّ شرحه لإبنه بدر الدين بن مالك، كما كانوا يدرسون كتاب "حديقة التَّصريف" المشهور في بلاد الصومال للشيخ عبد الرحمن الزيلعي الصومالي، ومن هنا فلا يستغرب إذا توجهت أنظار طلبة العلم إلى ذلك مكان يطلبون العلم لأهله، لا سيما أنّ المنطقة اشتهرت بعض البيوت العلمية مثل بيت الشيخ الحاج عبدي السلطان الحسني الذي كانت حلقته مشهورة وتردد على ألسنة أهل العلم وطلابه. وهذا البيت العلمي المبارك ينتسب إليه بعض نجو أضاءت على أكثر من منطقة من خلال أنشطتهم العلمية المتنوعة، ومن هؤلاء: الشَّيخ حنبلي حاج عبد السلطان، والشَّيخ عمر الفاروق حاج عبدى السلطان، والشَّيخ محمود حنبلي حاج السلطان، والشيخ عبد الله حاج عبدي السلطان، كما أنّ منطقة عرمالي وملحقاتها برز بعض أعلام من العلماء الذين أثروا على الحركة العلمية في المنطقة مثل:

- الشَّيخ أحمد أو بري، أحد من تتلمذ على يد الشيخ الحاج عبدي السلطان الحسني، وقد نقل عن شيخه كثيراً من فنون العلم، وكان له حلقات علمية مشهورة، حيث وضع على عاتقه مسؤولية نشر العلم بعد وفاة شيخه الحاج عبدي سلطان، وقد استفاد هذه الحلقة التي كان رائدها الشيخ أحمد أو بري عديد من طلبة العلم مثل:

- الحاج عثمان ابن الحاج محمود المعروف بـ(شيخ عثمان طيري) وكانت له حلقات علميَّة يدرس فيها علوم اللُّغة والتَّفسير والفقه، وتوفي رحمه الله في مدينة جللقسي من محافظات منطقة هيران.

- الشَّيخ محمد علي كار، وهو من أشهر تلاميذ الحاج عبدي سلطان الذين نقلوا عنه علم التَّفسير والفقه واللُّغة وكان فقيها ومفسِّرا.

- الشَّيخ عمر أو علي (بشيخ عمر طعديد) وكان عالماً فقيهاً وكانت له حلقات في تدريس التَّفسير والفقه.

- الحاج فارح أو إبراهيم، من أهل عرمالي، وكانت له حلقات علميَّة في هذه المنطقة.

- الشَّيخ آدم بن الشَّيخ محمد أو طاهر، من العلماء الَّذين تخرَّجوا من الحلقة العلميَّة للحاج عبدي سلطان.

- الشيخ يوسف عبدي بيلي.

- الشَّيخ عثمان فارح، وغيرهم[1].

الجدير بالذكر أنّ الحسنيين (رير أو حسن) كانوا – وما زالوا – معروفين في إتقان هذا الفن في أكثر من بيت وأسرة، بحيث لا يقتصر هذا التفوق على أسرة الحاج عبدي السلطان، فمثلاً هنا وعلى سبيل المثال أسرة الحاج عبدالله – ميجاج– أحمد عمر قاضي قضاة حركة الجهاد الإسلامي المعروفة بـ "دراويش " كانت مشهورين في هذا الفنّ حتى كان يقول أحد أبنائه وهو الشيخ مصطفى حاج عبد الله ميجاج

---

[1] محمد حديث شيخ عمر الفاروق حاج عبدي سلطان: الحلقات العلمية في عرمالي، موقع قراءات صومالية، في ٣ يوليو، عام ٢٠٢٠م، www.qiraatsomali.com

كان يتحدى لغيره ويقول في مجلسه. " الصرف لي " لثقته في علم الصرف ولعلو كعبه لهذا الفنّ، وقد خرج من هذا البيت المبارك عديد من العلماء والمثقفين أثروا على الحياة العلمية والثقافية لقطرنا الصومال الكبير، مثل: الحاج محمود حاج عبد الله ميجاج الورع التقي، والحاج عبد الرحمن حاج عبد الله ميجاج، الأصولي الجدلي المعروف في منطقة الصومال الغربي، وكان فقيهاً جريئاً لا يخاف في الله لومة لائم. غير أنني لا أنسى إلى صاحب الخلق الرفيع زميلنا في أيام الدراسة، الباحث القدير والكاتب الماهر والصحف اللامع الأستاذ حسن حاج محمود عبد الله ميجاج، صاحب المؤلفات العديدة مثل:

- تاريخ الحركة الإسلامية الصومالية " ظروف النشأة وعوامل التطور".

- الجبهات الصومالية النشأة والتطور.

- تاريخ الإعلام الصومالي.

- الصومال .. الهوية والانتماء.

- تاريخ الصحافة الصومالية قبل الاستعمار.

- الدولة الصومالية " عوامل البناء والانهيار.

ومن هنا فلا يستغرب الدور الإيجابي لهذه الأسرة الكريمة وجهودها في رفع المستوى العربية لا سيما فنّ الصرف وضروبه، وعلى الباحثين من آل الحسن — وما أكثرهم — أن يقوموا في الابداع والانجاز وللملمة جهود أجدادنا وروادنا الأوائل ومن جاء بعدهم.

والحقيقة لم يكن هدفنا أن نتتبع الأدوار العلمية والثقافية التي كانت تعلب هذه المدن والمراكز، ومذا تأثيرها في الحركة العلمية – وإن كان هذا الأمر له أهميته العلمية – ونرجو أن يقوم الكتّاب والباحثون في إنجاز ذلك وتحقيقه.

القطر الشمالي:

يعتبر القطر الشمالي منطقة إستراتيجية في القرن الإفريقي بحيث يظل على البحر الأحمر، ويشرف على المحيط الهندي لكونه يربط المنطقة بالعالم الخارجي قديماً وحديثاً عبر مراسي ومرافئ البحرية مثل موانئ بربرا وزيلع وبلحار وحيس وحافون وبوساسو وغير ذلك، كما أنّ هذا القطر اشتمل على خيرات كثيرة ومتنوعة وهذا ما مكنه من ربط علاقات تجارية واقتصادية مع العالم الخارجي منذ قديم الزمان، وبالتالي قد أسهمت هذه العلاقات في انتشار الإسلام، بل وأصبحت المنطقة – مثل غيرها من المناطق – تعج بالعلماء والفقهاء وكذلك طلبة العلم الذين ترددوا على مراكز العلم ومنابعه، ويكفي أن نشير إلى ما كانت تتمتع به الزيلع من حياة علمية وثقافية في العصور الوسطى، وكذلك علاقتها مع اليمن والحجاز ومصر، ومن هنا كان بديهياً وفود العلماء وطلبة العلم إلى الزيلع وغيرها من المناطق الأخرى، وكان لهؤلاء العلماء والفقهاء دور بارز في مدافعة الدور والبيض عند ما هاجم الأحباش النصارى على المنطقة، كما تذكر المصادر التاريخية، مثل:

"مسالك الأبصار في ممالك الأمصار"، للعمري أبي العباس شهاب الدين أحمد بن فضل الله، وصبح الأعشى في صناعة الإنشا، للقلقشندي أبي العباس أحمد بن علي، وتحفة الزمان أو فتوح الحبشة، للجيزاني عرب الفقيه شهاب الدين أحمد بن عبد القادر، وغير ذلك.

وفي حالة السلم والاستقرار كان للعلماء مجالس وحلقات علمية في المراكز والأروقة العلمية في مختلف العلوم على الرغم من أنّ العلماء كانوا — وما زالوا — يركزون على علوم أصول الدين من التفسير والأحاديث والفقه، وبخاصة الفقه الشافعي السائد على عموم المنطقة في الوقت الحالي. ومن هنا ليس من الغرابة انتشار الثقافة العربية الإسلامية في ميادين العلم في المنطقة، وإدراك طلبة العلم كل المعارف التي وصلت إلى المجتمعات الإسلامية عن طريق العلماء الذين جتهدوا في نشر العلم والمعرفة على غرار العالم الإسلامي، وقد برهن على ذلك ثلة من العلماء الزيالعة الذين هاجروا إلى اليمن والحجاز ومصر، وبرزوا على الساحات العلمية في الحرمين والأزهر الشريف. وحيث إنه من الصعب استقصاء كافة جهود هؤلاء الأجلاء في صفحات هذا الكتاب، فإننا نشير هنا فقط إلى بعض تلك الحلقات المعاصرة، ولعله يأتي من يواصل الدرب ويسلط الضوء بدوره على الحلقات والمجالس العلمية والتي كانت موجودة في أكثر من مدينة وقرية في تلك المنطقة.

ومن هذه المجالس والحلقات في مجال الصرف:

- حلقة الشيخ محمود شيخ مُحُمُد صوفي عمر الإسحاقي، فرح سعد موسى (مكاهيل) في هرجيسا وغيرها. والمتتبع للنشاط العلمي والدعوي لفضيلة الشيخ محمود شيخ مُحُمُد صوفي يدرك بأن الشيخ لم تكن لديه حلقة واحدة محصورة في مكان واحد فحسب، بل كانت لديه حلقات ومجالس علمية متعددة بكثرة وبوفرة، والشيخ ولله الحمد قد شاخ في هذا العطاء العلمي المتواصل — حفظه الله وأدامه بالصحة والعافية — لدرجة أن طلبة العلم ألِفوا عليها في مشوارهم لطلب العلم حتى صارت حلقاته ومجالسه من أشهر الحلقات والمجالس العلمية في المنطقة كلها، ومن حلقاته المشهورة حلقته في هرجيسا في الجامع القديم والجامع الكبير، وفي المسجد

القديم ومسجد إبراهيم طيري كذلك، كما كان له حلقات علمية في الصومال الغربي وفي عاصمة الصومال مقدشو، حيث درَّس في هذه المدن علوماً كثيرةً كالصرف والنحو والبلاغة والعروض، وبعض كتب العقيدة والفقه مثل كتاب المنهاج للإمام أبي زكريا يحي بن الشرف النووي رحمه الله.

ومن شيوخه الشيخ علي حاج حسن المشهور بـ"حاج علي سوبني" الرحنويني الليساني، فرع غبيان، في مدينة درردوا في الصومال الغربي، وكان الشيخ علي حاج حسن من أعمدة مدرسة الفلاح الإسلامية وعلمائها، وكان يدرِّس اللغة العربية بمختلف فنونها، إلى جانب العلوم الشريعة، وقد تخرج فيها عدد كبير من طلبة العلم، الذين البعض صار فيما بعد من الجهابذة في العلم، وساسة كذلك في مراكز القيادية العليا. وكان الشيخ محمود صوفي ممن تتلمذ على يد الشيخ علي حاج حسن (الشيخ علي سوبني). ولا غرابة في أن يتوجه الشيخ محمود صوفي إلى مجالس الشيخ علي حاج حسن أحد الأعلام الذين ساهموا في الثراء المعرفي والثقافي في منطقة القرن الإفريقي ونشر الإسلام وتنوير عقول الناس.

ومن ناحية أخرى درس الشيخ محمود صوفي علم اللغة العربية على يد العلماء البارعين الأخرين في هذا المجال مثل: الشيخ أحمد الشيخ إبراهيم براوي القطبي، والشيخ علي عبد الرحمن والمشهور بـ بشيخ علي صوفي الأغاديني، والشيخ محمد معلم حسن، وغيرهم كثير، مما يدل على أنَّ الشيخ محمود صوفي لم يقتصر نهله لعلم اللغة العربية وفنونها من منهل حلقات الشيخ علي حاج حسن المذكور آنفاً فحسب.

والمتتبع للجهود العلمية للشيخ محمود صوفي العامة ومجالسه الخاصة بعلوم الصرف يرى أنها كانت تعم أكثر من مكان في هرجيسا وحدها، وهذا كله نام عن شغفه

وحرصه الدؤوب على نشر العلم بين طلبة العلم، بحيث كان يداوم على ذلك باستمرار في أكثر من مسجد وزاية مثل: مسجد الجامع الكبير في هرجيسا قرب الحكومة المحلية، وكذلك مسجد نور القديم، واستفاد منه طلاب علم كثيرون ، مثل الشيخ محمد إيمان آدم المشهور بشيخ ابن لبون القطبي، والشيخ عبد الحي موسى معلم حسن القطبي، والشيخ محمد عمر سمتر (سمتر طيري) الإسحاقي، فرع سعد موسى، والشيخ عثمان الشيخ عبد العزيز. ومن ناحية المنهج والكتب المقررة لدى الشيخ في التدريس، فكان الشيخ يدرّس كتاب لامية الأفعال ، وحديقة التصريف للزيلعي، وغيرهما من كتب الصرف المتداولة.

– حلقة الشيخ محمد عمر سمتر المشهور بالشيخ سمتر طيري الإسحاقي ،فرع سعد موسى، وكان يدرس في مسجد علي متان في هرجيسا كتاب لامية الأفعال، وحديقة التصريف، وفتح الخبير، ومختصر العزي ، والتطبيق الصرفي وغير ذلك. وكان من شيوخه الشيخ محمود صوفي، والشيخ عبد القادر الشيخ يونس الإسحاقي ، فرع سعد موسى، وهو صاحب الشيخ محمد معلم حسن ، الذي أخذ منه بعض العلوم. ومن طلابه الشيخ محمود عسّ الغرغري الدري ، والشيخ عامر سعيد مُحُمد الإسحاقي ، فرع سعد موسى وغيرهما.

– حلقة الشيخ أحمد طاهر عبد الله علي في مدينة هرجيسا، وخاصة في مسجد الرحمة (الطابقين)، بحيث كان يدرّس كتاب لامية الأفعال ، وكتاب حديقة التصريف، وكتبا أخرى في اللغة العربية علومها المتنوعة في أكثر من مسجد وزاية. وكان يتجه إلى حلقته التي كان يدرس فيها علم الصرف طلبة العلم كثيرون ليتلقوا منه هذا الفنّ على يد الشيخ أحمد طاهر عبد الله، وكان من بين هؤلاء الطلبة الشيخ عامر سعيد مُحُمد والشيخ محمود عسّ، أحد العلماء والدعاة في البلاد.

- حلقة الشيخ محمود بن الشيخ عبد الله بن الشيخ علمي الفرضي المشهور بالشيخ محمود نحوي الإسحاقي، فرع هبر يونس في أكثر من مكان مثل في مدينة هرجيسا ، وفي مدينة برعو، وقد أخذ العلم عن الشيخ عبد الفتاح عبد الله علي الأكشيّ الدريّ أحد كبار العلماء في مدينة جغجغا في غرب الصومال، كما أخذ العلم عن أبيه الشيخ عبد الله الشيخ علمي ، وطلب العلم أيضاً عند الشيخ حسين إبراهيم (طغطيري) الإسحاقي ، فرع هبر يونس.

- حلقة الشيخ محمد إسماعيل أوليا Awliyo من قبيلة سعد موسى، فرع مكاهيل، في مسجد الأزهر في حي إذاعة بمدينة هرجيسا، وكان الشيخ محمد إسماعيل يدرّس في حلقته أيضاً التفسير والفقه مما يدل على أنّه كان ملّماً بعلوم كثيرة، وهو من أقران الشيخ محمد محمود عطور الخاشع أحد العلماء الدعاة في هرجيسا، وصاحب الحلقات المباركة – حفظ الله علماء المسلمين ودعاتهم في كل مكان.

- حلقة الشيخ أحمد معلم عبد الله الملقب بالشيخ أحمد جعفر الصرفي من قبيلة هبر يونس الإسحاقية مدرس مسجد الشيخ نور محمد ، وقد أخذ هذا العلم من شيخه الشيخ حسين إبراهيم الصرفي، كانت حلقته خاصة بعلم الصرف واللغة العربية بالإضافة إلى العلوم الشوعية الأخرى مثل الفقه والتفسير.

- حلقة الشيخ حسين إبراهيم الصرفي من قبيلة هبر يونس الإسحاقية، كان يدرّس فيها العلوم العربية مثل الصرف حتى لقّب به، بالإضافة إلى العلوم الإسلامية الأخرى كالفقه حيث كان يقوم بتدريس الفقه الشافعي مثل "كتاب المنهاج" للإمام النووي، وما زال الشيخ حسين إبراهيم يقوم بتدريس هذا الفن حتى وقت كتابتنا لهذه السطور البسيطة عنه، ومن شيوخه الذين أخذ عنهم العلم الشيخ أحمد معلم عبد الله المذكور سابقاً، وإن كان أغلب العلوم التي تلقاها أخذها من شيخه

الشيخ عبد الله يوسف شاعب، المعروف بـ عبد الله كرح، من قبيلة أكشي الدرية.

هذا، فإن الشيخ حسين انتقل إلى بادية منطقة هود المسمى مهلي Moholee التي تقع تحت سيطرة إيثوبيا حتى يومنا هذا.

- حلقة الشيخ محمد حسن أدوا Odawaa من قبيلة سعد موسى الإسحاقية، والتي كان يدرّس فيها الصرف وأخذ هذا الفن عن كل من الشيخ عبد الله كرح الدري Kirix، وكذلك والشيخ محمود فريري Farayare الأبسغولي Abees guul.

المنطقة الشرقية:

وفي منطقة الشمال الشرقي لم تقل نشاطاً وحيويةً من المناطق الأخرى في الأراضي الصومالية، والمتتبع للحياة العلمية يلاحظ أنّ المنطقة اشتهرت بكوكبة من العلماء والفقهاء الذين ظهروا في ساحات العلم والمعرفة في القرنين الماضيين، وبالذات في المدن الساحلية كحافون وأيل وقندله وغيرها، ومن هؤلاء الأعلام:

- الشيخ محمد يوسف

- القاضي الشيخ علي محمود آدم.

- القاضي شريف محمد علي

- الشيخ صالح حلديد السواخروني

- الشيخ علي عبد الرحمن فقهي المشهور (الشيخ علي المجيرتيني)

- الشيخ نور الدين بن أحمد علو (رائد المدرسة السلفية في عهده).

ورغم ما مرت به المنطقة من حالات صعبة غير مستقرة في هذه الفترة إلا أنّه مع

هذه الظروف القاسية استمرت الأمة في مواصلة نشر العلم وعقد حلقات متنوعة تحت رعاية العلماء ومجالسهم العلمية في المدن والقرى والأرياف، الأمر الذي أدى فيما بعد الى ازدهار العلم. وسوف نضرب بعض النماذج من هذه المجالس والحلقات التي لها علاقة بفن الصرف على سبيل المثال لا الحصر، مثل:

– حلقة القاضي شريف محمد علي في حافون، ولم تكن هذه الحلقة تخصص لتدريس فن الصرف فحسب ، وإنّما كانت – إلى جانب ذلك – تُعنى بفنون علوم اللغة العربية ككل كالنحو وغيره. وقد استفاد من هذه الحلقة بعض طلبة العلم في المنطقة، ومن هؤلاء فضيلة الشيخ أبو محمد نور الدين علي بن أحمد المجيرتيني (فرع علي سليمان) رحمه الله[1].

هذا، الجدير بالذكر أنّ الشيخ نور الدين علي بن أحمد أعطى جلّ همّه تحصيل العلم وتعليمه حتى شدّ رحاله إلى أماكن مختلفة من داخل البلاد وخارجها، وبدايات رحلاته العلمية الداخلية كانت في مدينة حافون حيث سافر إليها عام ١٣٤٣هـ، وانضم إلى مدرسة تحفيظ القرآن الكريم على يد معلم عمر محمد، وفي الوقت نفسه بدأ دراسة كتاب " سفينة الصلاة" وكتاب "أبو شجاع" على يد الشيخ محمد علي حريد الحافوني الذي أعطاه الله عمراً طويلاً، كما درس كتاب

---

[1] فضيلة الشيخ أبو محمد نور الدين علي بن أحمد المجيرتيني من أهمّ الشخصيات الصومالية التي لها وجاهة في الحقل الدعوة الإسلامية في القرن المنصرم، بل وتركت بسمات حية في الجوانب الدعوية والتعلمية في داخل بلاد الصومال وخارجها، بحيث اشتهر رحمه الله بالدعوة والتجديد في تعاليم الدين الإسلامي وجوهر روحه وخاصة فيما يتعلق بالنواحي العقدية حيث يعتبر فضيلته من أوائل الدعاة الذين قاموا بالتصحيح والخربلة فيما يتعلق بالتوحيد في منتصف القرن المنصرم، وأكثر من ذلك أنّ فضيلته من الأوائل الذين عارضوا علناً بالشطحات والخرافات التي كان يخوض بها بعض الناس، إضافة إلى كونه قضى جلّ حياته على التدريس وملازمة الحلقات بالمساجد وأروقة العلمية، وكذلك في المدارس النظامية. وانظر ترجمته الكاملة في كتاب " عباقرة القرن الإفريقي، ص ، دار الفكر العربي، القاهرة، ٢٠١٦م، ص ١٩٠ – ٢١٤.

"المنهاج القويم" على يد الشيخ محمد يوسف ، وكان يحضر دروس القاضي الشيخ علي محمود آدم الذي كان يدرِّس كتاب المنهاج أيضاً، وحضر كذلك دروس القاضي شريف محمد علي في التفسير والعلوم العربية – كما أشرنا آنفاً – ودروس الشيخ محمد محمود شرماكي في النصف الأخير من التفسير، وسمع من الشيخ محمد علي محمد الربع الثالث من منهاج الطالين، وأخذ من القاضي الشيخ إبراهيم عمر بكتاب "فتح المعين" وكتاب "متن الأجرومية "كل ذلك يدل على ثراء منطقة شمال الشرقي للبلاد ونشاطها العلمي وكثرة علمائها في مختلف العلوم والمعرفة في تلك الفترة وبخاصة مدينة حافون التي ذكرها المسعودي في كتابه مروج الذهب ومعادن الجوهر في وقت مبكر.

ولم يتوقف نشاط الشيخ في طلب العلم على هذا الحد وإنّما أيضاً لازم دروس الشيخ آدم أحمد موسى في التفسير من كتاب " الجلالين" بحاشية الصاوي وحاشية الجمل، كما استفاد من حلقة الشيخ آدم أحمد موسى المذكور في مجال الفقه بحيث أخذ منه سماعا " ابن القاسم علي الباجوري" وكتاب " الزبد" وكذا كتاب " منهاج الطالبين مع شروحه، إضافة إلى العلوم العربية ، أما كتب الحديث فسمع منه كتاب " الأربعين النووية" وكتاب " أبو جمرة" ، واستفاد من شيخه أيضاً ما يتعلق بالتصوف مثل كتاب "تنبيه الغافلين" وكتاب "تنوير القلوب " وكتاب "طهارة القلوب " وكتاب "درة الناصحين" وكتاب "دقائق الأخبار" وكتاب " كفاية الأتقياء. وفي علم العقيدة فقد تلقى فضيلة الشيخ نور الدين بعض كتب العقيدة التي كانت منتشرة في القطر الصومالي في تلك الفترة مثل كتب عقيدة العوام، والسنوسية، وجوهرة التوحيد، وبدء الآمالي، والدريرية، والشيبانية ، والنسفية، والباجورية ، وكفاية العوام ، وحياة الإسلام، وكلهم من علم الكلام ومن العقيدة

الأشعرية التي كانت منتشرة في البلاد.

لقد مكث فضيلة الشيخ نور الدين في مدينة حافون مدة غير قصيرة طالباً للعلم وملازماً لحلقاتها رغم بُعدها من مسقط رأسه وموطن أسرته، لكثرة علمائها ونشاط حركتها العلمية، ثمّ بعد ذلك سافر إلى مدينة أيل الساحلية أيضاً وهناك واصل طلبه للعلم بحيث ألزم نفسه بالحلقات العلمية التي كانت تجري في المدينة

– أما مدينة أيل الساحلية فكانت أيضاً نشطة وعامرة حتى اتجه إليها مجموعة من الطلبة الذين أتوا من مناطق نائية لطلب العلم، بحيث كانت حركة السفن نشطة، والعلاقة بين سواحل الصومال واليمن وعمان لم تتوقف حتى عند ما سيطر الاستعمار الأوروبي على عمان واليمن والصومال، على الرغم من مراقبة الاستعمار على هذا النشاط التجاري.

فثملاً وفي فترة الحكم الإيطالي الاستعماري على الصومال كانت الباخرة الإيطالية المسمى " الأتريا " تأتي في كل شهر مرة واحدة من فصلَي الشتاء والصيف فقط.

وفي الساحل الشرقي الصومالي قرية كان يسمى ملاحون العرب باسم "وريقة السماء" وهي تقع شمال رأس عسير، ويقطنها قبيلة سواخرون (صواخ رون) المجيرتينية، وكانت هذه القرية الساحلية مكان استراحة السفن التي تتجه إلى اليمن، وكذا من اليمن إلى سواحل الصومال والشرق الإفريقية[1].

ومهما كان الأمر فإن مرسى أيل كانت نشطة ولم تتوقف رغم الظروف الاستعمارية، بل كان أهل الصومال يستوردون بضائعهم في هذا المرسى المتواضع

-----

[1] وانظر بدر أحمد سالم الكسادي: أبطال منسيون من ربابنة الملاحة البحرية العربية، اعتنى به محمد علوي باهارون، هيئة أبو ظبي للسياحة والثقافة، دار الكتب الوطنية، ط/١، ١٤٣٤هـ/٢٠١٢م، ص ١١٩.

الطبيعي، وكان لهم علاقة تجارية مع بعض الموائي اليمنية وعلى رأسهم عدن، كما كانت تجارتهم تصل إلى ساحل الأفريقي الشرقي مثل زنجبار، ويصدرون منها وإليها ما هو لديهم من بضائع، مثل جلود والحيوانات بأنواعها، والأسماء المجففة المعروفة في المناطق الشرقية.

ومن المعلوم أنّ أيل تقع على الساحل الشرقي بالقرب من الجبل الممتد في البحر، ذلك الجبل المعروف باسم (رأس الخيل)، أو (رأس الخير) كما يسميه أرباب السفن، وكما هو معروف في المجاري البحرية بهذا الاسم، وحينذاك كانت المنطقة تحت حكم الاستعمار الإيطالي، وتسمى بالصومال الإيطالي، علماً أنّ أيل كانت قرية صغيرة، ولها ميناء صغير لا تدخلها السفن الشراعية في الفترة الاستعمار الأوربي لعدم توفر الحركة التجارية فيها، ما عدا الباخرات الكبيرة التي يمتلكها الإووبيون، كما أشرنا من قبل[2].

ومما يدل على شهرة النشاط العلمي في مدينة أيل، أنه اتجه إليها بعض أهل العلم وطلبتهم، ويكفي أن نشير إلى رحلة الشيخ نور الدين بن علي إليها بعد عودته من منطقة حافون التي سبق أن أشرنا إلى بعض أنشطتها العلمية، ولكن أصر الشيخ نور الدين السفر إليها – أي أيل – ، وهناك واصل طلبه للعلم بحيث ألزم نفسه بالحلقات العلمية التي كانت تجري في المدينة مثل حلقة الشيخ محمد فارح قاري التفسير، وحلقة الشيخ يوسف حسن في اللغة العربية، وكذا حلقة الشيخ علم عبد الله في اللغة العربية أيضاً، أما فيما يتعلق بعلم الفقه والأحكام فكانت حاضرة في مدينة أيل بحيث كان الشيخ القاضي حزر محمد له حلقة خاصة بالفقه الشافعي، وكان يقرأ في حلقته كتاب " الإرشاد لابن القرئ ".

---

[2] بدر أحمد سالم الكسادي: أبطال منسيون من ربابنة الملاحة البحرية العربية، المرجع السابق، ص ٩١.

ومن هنا، فليس من المستغرب إذن، سيادة ظاهرة هذا النشاط العلمي الذي كانت المنطقة تتمتع به ، ومن تلك الأنشطة بعض حلقات علمية لها علاقة بعلم الصرف، والتي منها:

- حلقة الشيخ علم عبد الله في مدينة أيل الساحلية، بحيث كان الشيخ يدرس علم الصرف واستفاد منه جمع من رواد العلم ، ومن بين هؤلاء فضيلة الشيخ نور الدين علي بن أحمد.

- حلقة الشيخ يوسف حسن في مدينة أيل في فن الصرف، وكانت لهذه الحلقة خصوصية خاصة ، بحيث كان الشيخ يتناول حلقته دراسة اللغة العربية بفنوبها المختلفة ، بما فيها علم الصرف، لأنّ الشيخ يوسف حسن كان لغوياً ماهراً ، ومن هنا ركزت حلقته على دروس اللغة العربية ، بحيث كان يدرّس بعض كتب اللغة العربية في النحو والصرف، لذلك اتجه إلى حلقة الشيخ طلبة العلم الراغبين في رفع مستواهم اللغوي. ومن هؤلاء الذين حرصوا على هذه الحلقة الشيخ نور الدين بن علي، بحيث كان ممن يواظب على الحلقة المذكورة عند ما بلغه أمرها، وقد أخذ منه كتاب ألفية ابن مالك.

- ومدينة قرطو من المدن الداخلية في المنطقة الشرقية بالصومال، وتقع في منتصف الطريق الطويل بين مدن بوساسو وغروبي، وكانت — أي قرطو — قبل قدوم الاستعمار الأروبي على البلاد جزءًا من السلطنة المحلية المسمى بسلطنة المجيرتين التي كانت تتمركز في علولة، ومن الناحية العلمية لم تكن مدينة قرطو أقل شأناً من المدن والقرى في المنطقة، وأهلها كانوا — وما زالوا — يحبون العلم وأهله، بحيث كانوا يقدرون العلماء، بل ويبذلون لهم بالنّفس والنّفيس لجاورتهم والاستفادة من علومهم، فهذا أحد الأعلام الصومالية وهو الشيخ نور الدين علي أحمد ذهب إلى

مدينة قرطو تلبية لرغبة أهلها من أهل الحل والعقد في علمه، عند ما طلبوا منه الانتقال إلى قرطو وعقد الدروس الدينية ، فاستجاب لدعوتهم ودرس لهم تفسير القرآن الكريم ، ولكن بعد مدة تحول الشيخ نور الدين إلى قرية تليح عقب طلب من علماء قبيلة طلبهنتي وبخاصة عشيرة نور أحمد ، ومن هؤلاء العلماء والوجهاء الشيخ عبد الله علم شردون، والشيخ حرز نور، والشيخ آدم علي متان، والشيخ محمد آدم، والشيخ أبين كورة، ومن هنا لم يكن للشيخ نور الدين إلا أن لبّى دعوتهم، وقام بتدريس التفسير وبعض كتب الفقه ككتاب "منهاج الطالبين" للإمام النووي، ولما أتمّ لهم المشروع أعطوه إكرامية عبارة عن عشرة من الإبل ومائتين من الغنم ، وتزوج منهم وصاهرهم.

ومن الأنشطة والحلقات العلمية لا سيما فيما يتعلق بعلم الصرف:

– حلقة الشيخ شريف الطويل التي كان يدرس فيها علم الصرف في مدينة قرطو وبخاصة في مسجد عمر بن الخطاب، علماً أن حلقة شريف الطويل لم تقتصر على فن الصرف فحسب، وإنّما كانت في مختلف العلوم اللغة العربية من النحو والصرف، وبعض كتب الأدب العربي، كشرح المعلقات، ومن استفاد من هذه الحلقة القاضي الشيخ محمد عمر أحمد أحد القضاة بالحكمة العليا في الصومال.

وقبل أن ننتهي الحديث عن المدرسة التقليدية والتي أسلفنا الحديث عنها خلال الصفحات السابقة ، بجدر بنا البوح بأنّ علماءنا اهتموا بعلم الصرف منذ زمن سحيق، حيث أسهموا إسهامات عظيمة لا يستهان بها، بل وكرسوا جل أوقاتهم لذلك، ليس من حيث التأليف والابداع فحسب، ولكن من خلال نشاطهم الدؤوب المستمر في عقد الحلقات العلمية المختصة بفن الصرف، ونحن عندما عرضنا جهودهم وإسهاماتهم لا يعني أننا قد استوفينا جميع جهودهم، وإنّما كان

الهدف من ذلك ضرب بعض نماذج بسيطة للدلالة على اهتمام أهل الصومال بهذا الفن المرتبط بفهم اللغة العربية – مثل علم النحو – بالإضافة إلى أن نذكر بعض هذه النماذج من إسهامات العلماء الصومال الأوائل لتكون دليلاً وبرهاناً واضحاً يؤكد أنّ النشاط العلمي والثقافي التي تعيش اليوم بلاد الصومال كان له جذور عميقة ، وأنّ الحركة العلمية اليوم ترعرت في بيئة علمية هادئة، والتي مهدت الطريق لمن يأتي فيما بعد من الباحثين والمهتمين بهذا العلم.

إذاً.. جهود علماء الصومال في مجال اللغة العربية لا يخفى على أحد، بحيث أنّ إسهاماتهم في النحو والصرف فلا يخفى علي كل باحث مطلع بصير منصف، وكل من جاء بعدهم من الباحثين تتلمذ على كتبهم سواء أظهر ذلك أم أخفاه.

وقبل أن نختتم حديثنا عن المدارس العلمية التقليدية المختصة بعلم الصرف في بلاد الصومال الكبير ينبغي أنّ نشير إلى أنّه لم يكن عرض كل الحلقات العلمية المتعلقة بفنّ الصرف التي كان يقوم بها علماؤنا، وهو أمر مستحيل وغير ممكن، حتى وإن تظافرت الجهود، ورفعت القيود، وعُبرت الحدود، ولكن كان قصدنا أن نضرب بعض أمثلة للمجالس العلمية التي كانت تجرى على جنبات بلاد الصومال الكبير ، وخاصة فيما يتعلق بعلم الصرف وقواعده، لتكون نموذجاً حياً لمستوى الحركة العلمية في البلاد في القرن الماضين، ودور العلماء في ازدهار الحلقات التي كانت تدرس باللغة العربية.

ونرى أنّه ينبغي على العلماء والباحثين، وكذا على القائمين على المراكز العلمية قيام دراسات وبحوث عميقة تتعلق بمجالات اللغة العربية ودروبها المختلفة ، ولا شك أنّ هذا الأمر سوف يبرز المستوى العلمي للحلقات العلمية المختلفة، ليس في علم الصرف فحسب، وإنّما على كافة المجالات العلمية، بغية أن يستفيد من ذلك

الباحثون الجدد وطلبة العلم، كما أنّها سوف تكون نبراسا يستضاء الطريق لمستقبل الحركة العلمية لمنطقتنا المترامية الأطراف.

دراسات أكاديمية في علم الصرف في مراحل الدراسات العليا

فقد عرضنا جهود العلماء على مستوى الصومال الكبير قديما وحديثا في علم الصرف، وتبين لنا من خلال استعراضنا لها بنظرة منصفة أن الجودة العلمية وطريقة تدريس فنون اللغة العربية بصفة عامة لا تقل شأنا –إن لم تكن أفضل – من الدراسات ألأكاديمية في المراحل الجامعية العالية. ولئن كانت تلك الجهود عامة في كافة الأقاليم الصومالية بحيث لم تخل منطقة من حلقة علمية تعنى بدراسة اللغة العربية, فإن بعض المناطق كانت تفوق على غيرها من المناطق، بل ونجد أن بعض المناطق كانت تشتهر بدراسة علم الصرف لشدة عناية علمائها وطلابها بهذا العلم أكثر من غيرهم من العلماء في أرجاء أراضي الصومال المعمورة.

وكان للمدارس التقليدية في علم الصرف – على مستوى منطقة ساحل الشرق الإفريقي– التي سبق أن أشرنا إليها الفضل حيث مهّدت الطريق للباحثين الأكاديميين الصوماليين الذين بزّوا في ميدان البحث العلمي في هذا العلم الذي نحن بصدد الحديث عنه. ونزعم بأن الإنجاز العلمي الأكاديمي في هذا الميدان الذي تحقق على يد الباحثين الصومايين كان امتدادا لتلك المدارس التقليدية التي أغدقت بعلومها على روّاردها.

لقد أصبح علم الصرف الذي يدرس الكلمة وما يحدث لها من تغييرات جذرية عدة – سواء كان ذلك حذفا أم زيادة أم تغييرا في الشكل، أو غير ذلك – يمثل جانباً مهماً في حقل الدراسات اللغوية، لذلك فلا يستغرب ان يهرع الطلبة الصوماليون الباحثون وقت اختيار البحوث الأكاديمية والأطروحات العلمية– في مراحل الدبلوم والماجستير والدكتوراه – إلى المواضيع والعناوين ذات الصلة الوثيقة بعلمي النحو

والصرف. وهذا الاهتمام لم يأت عن فراغ لأن دراسة علوم اللغة العربية بفنوها بصفة عامة ودراسة علم الصرف بصفة خاصة من أولوياتهم ومن أساس العلوم التي رضّعوا ألباها ولأن كل إناء بما فيه ينضح.

ورغم غزارة الدراسات والمؤلفات[1] التي أشبعت بحثا في علم الصرف إلا أنّ الباحثين ما فتئوا عاكفين – بكل نهم – على دراسته بغية تحقيق إنجاز أكثر وإبداع إضافة نوعية تساهم بالشئ الكثير في رصيد علم الصرف لأهميته بحيث يشكل إلى جانب العلوم اللغوية الأخرى – الأساس لفهم مفردات اللغة ومعانيها التي يؤدي إلى فهم النصوص المقدسة من القرآن الكريم وتعليمها وشرحها، وكذا فهم السنة النبوية الشريفة وتعليمها وشرحها لهذا يصعب إهمال هذا العلم أو الاستغناء عنه، لأنّه يحافظ على سلامة التراكيب الصحيحة، وهو صمامها الأمان الذي يحميها كتابةً وتحدثاً ويعين كذلك في صياغة جملها ومفرداتها ونطقها.

والبحوث التي نستعرض هنا ليست بالضرورة بأن تحمل مباشرة العناوين الصرفية المعروفة عند أهل الفن ، والتي تعالج الأبواب المتعلقة ببناء الكلمة وأحوال هذه الأبنية التي لا تخصَ الإعراب ولا البناء، ذلك لأن الصرف يبحث التغيير الذي يظهر على صيغة الكلمة وبنيتها؛ الصحيح الذي خلا من أحرف العلة بأقسامه الثلاثة: السالم والمهموز والضعيف والمعتل بأقسامه الأربعة: كفعل معتل مثال، وفعل

---

[1] انظر على سبيل المثال ممن كتب في مجال دراسات في علم الصرف كنموذج:

- د. عبد الله درويش: دراسات في علم الصرف، ط2/، مكتبة الطالب الجامعي، مكة المكرمة، 1408هـ/1987م.

- أ.د. السيد أحمد علي محمد: دراسات في علم الصرف، دار الجوهرة، القاهرة – مصر، 2014م.

- أ.د. مجيد خير الله الزاملي: دراسات في علم الصرف، دار الكتب العلمية، بيروت.

- د. أمين علي السيد: دراسات في لصرف، مكتبة الزهراء، القاهرة، 1989م.

معتل أجوف، وفعل معتل ناقص، وفعل معتل لفيف. وليس هدفنا هنا حصر كل البحوث والدراسات المتعلقة بعلم الصرف، لأنّه أمر في الحقيقة يصعب تحقيقه وتنفيذه، ولكننا نحاول بقدر الإمكان ضرب بعض النماذج من خلال عرضنا لبعض الدراسات والبحوث الأكاديمية التي قام بها الباحثون من أهل الصومال، لنولي بعض الأهية بحيثيات الدراسة من حيث هي ومداراتها، ومناقشة الفكر الرئيسي للبحث.

الرحلة العلمية إلى خارج المنطقة:

ولكي يتمكن الباحثون الصوماليون من الحصول على العلم والمعرفة في مجال اللغة العربية شرعوا في الرحلة العلمية إلى مراكز العلم في اليمن والحجاز والشام ومصر وغيرها والتي كانت تشكل منذ القرون الوسطى أوكارا للعلوم الشرعية والعربية تستقطب طلبة العلم من الداخل ومن الخارج.

هذا، ونستطيع القول بأنّه لم تتوقف الرحلات العلمية لطلبة العلم والباحثين من أهل الصومال حيث كانوا ضمن الرّواد الذين نهلوا من تلك المنابع العلمية منذ ذلك الوقت حتى يومنا، وفرضوا أنفسهم على كل ميدان من الميادين العلم والمعرفة حتى أثبتوا جدارتهم وصار لهم وجود ذو طابع ملموس. وكانت هذه الرحلات العلمية التي تتابعت على قدم وساق نابعة عن قناعة وإدراك لدى طلبة العلم في بلاد الصومال، لأهمية دراسة اللغة العربية في موطنها الأصلي سواء كان ذلك في المراكز أو الجامعات والمعاهد المتخصصة في ذلك أو غيرها، الأمر الذي استهواهم وحفّزهم لأن يشدّوا الرحالة إلى الديار العربية بهدف نيل العلوم الإسلامية والتفقه في الدين. وحيث إنهم اصطحبوا معهم خلفية لغوية رصينة ومتينة في علمي النحو والصرف، فإنهم لم يواجهوا أية صعوبة في في الاستمرار لأيّ في الازدياد من المعرفة والتعمق في

العلم.

وقد شرع بعض الباحثين في اختيار بحوثهم وأطروحاتهم العلمية حول علم الصرف ومجالاته مع الإدراك والمعرفة مسبقاً بأنّ الخوض في مسائل علم الصرف ليس أمراً يسيراً، إلّا في حالة إذا حالف الإنسان توفيق الله ثم تحلى بالصبر وتجشم المعاناة لنيل المأرب ولتحقيق الهدف. ومن هنا تجاسر الباحثون الصوماليون – كغيرهم – مخاطر الخوض في علم لم ينل ما ناله غيره العلوم من حيث الدراسة والبحث العلمي الذي يخدمه ويعبّد للناس طريق الوصول إليه. ولاشك في أن عودة هذه الرحلات العلمية الوطنية وغيرها إلى البلاد باتت فيما بعد من العوامل التي طورت الحياة الثقافية في الصومال وبخاصة اللغة العربية، رغم ما حدث من الأنهيار والدمار للبلاد.

الباحثون امتدادًا من المدارس التقليدية:

القرآن الكريم هو أول ما كان يبدأ به طالب العلم في الصومال في طفولته، وبعد إتمامه من هذه المرحلة كان يشرع في إكمال رحلته العلمية الطويلة، كدراسة علوم اللغة العربية ، لا سيما وأن علم النحو والصرف من أوائل ما كان يهتمّ به طالب العلم المبتدئ. ومن هنا لم يكن من الغرابة بمكان من أن يضطر أهل العلم في الصومال وأساتذة الحلقات العلمية في المساجد والزوايا لتأليف ووضع كتب مفيدة ، ورسائل نفيسة في علمي الصرف والنحو، لأنّهم –كما ذكرنا سابقاً–كانوا يرون أنّ تعلم النحو والصرف وسيلة لفهم الشريعة والدين وليس غاية بذاته. وأنّ فهم الشريعة والتفقه في الدين من أوجب الواجبات من وجهة نظرهم لذا ، فقد التمس كثير من طلاب العلم الاستمرار والمحاولة على المزيد في المعرفة والتعمق في العلم من خلال الحلقات العلمية المنتشرة في ربوع بلاد الصومال والتي كان يعقدها العلماء والفقهاء.

والمتتبع لآثار الباحثين وتراجمهم[1] يظهر له بأنّ غالبتهم تخرجوا في الحلقات العلمية التي كان يسوسها العلماء العارفون، كل في تخصصه، بما في ذلك متخصصوا علمي النحو والصرف. وقد تحدثنا عن نوعية العلوم التي كانت تدرس في الحلقات العلمية بالصومال ، وخاصة الدروس والمواد التي تتعلق باللغة العربية وآدابها ، ورأينا أن هذه الحلقات والزوايا كانت تدرس أغلب العلوم العربيه من نحو وصرف وبلاغة وعروض ومنطق وغير ذلك، من فنون اللغه العربيه. أما فنّ الصرف فأشهر كتبه في الحلقات الصومالية لامية الأفعال لابن مالك الأندلسي، وشرح نجله بدر الدين عليه، ونظم حديقة التصريف للعلامة الصومالي الشيخ عبد الرحمن الزيلعي ت(١٨٨٠)، وشرحه للمؤلف نفسه(فتح اللطيف في شرح حديقة التصريف)، وكتاب (نثر الجواهر في قاعدة الصرف الفاخر) للشيح عبد الرحمن بن الشيخ عمر الأبغالي الصومالي، ثم الشافية في علم التصريف لابن الحاجب (ت٦٤٦هـ)، وكتاب الترصيف في علم التصريف للشيخ عبد الرحمن بن عيسى العمري[2].

علاقة علم النحو بعلم الصرف:

ليس هدفنا هنا أن نتحدث عن أقسام اللغة العربية ولهجاتها المختلفة، وإنّما نريد أن نبرز بأنّ اللغة العربية لها أقسام تحدث عنها علماء علم اللغة والمختصون فيها في مظاهها، ويذكر هؤلاء بأنّ اللغة العربية تنقسم إلى عدة فنون وفروع والتي تشكل

---

[1] ويظهر جليا في ذلك الامر خلال قراءة: "معجم المؤلفين الصوماليين باللغة العربية، للدكتور محمد حسين معلم علي.

[2] عمر محمد ورسمه: تجربتان في تعليم اللغة العربية في الصومال ، ورقة بحث إلى المؤتمر الدولي الثالث للغة العربية بدبي ١٧ – ١٠ مايو ٢٠١٤م

الأسس والمحاور التي تدور عليها اللغة وبالتالي تكون قِبلَة الباحثين والدارسين لها؛ كعلمى النحو، والصرف، وعلم البلاغة بأقسامها الثلاثة من المعاني والبيان والبديع، وعلم العروض والقوافي وعلم الأصوات وعلم تدريس اللغة العربية كلغة ثانية لغير الناطقين بها والتي صارت في الآونة الأخيرة فرعا مستقلا بذاته له اختصاصه ودراساته التي تُعنَى به.

وفيما يتعلق بالعلاقة بين علم الصرف وعلم النحو، لا شك أنّ بينهما ارتباطاً جعل بعض علماء اللغة يطلقون عليهما اسماً واحداً هو "قواعد اللغة" أو ما يفضّل بعضهم إطلاقه عليهما معا بالنحو على أساس أن النحو لا ينفصل عن الصرف ولا يستغني أحدهما عن الآخر[1].

ومن البحوث التي أجريت في النحو:

- "جهود علماء المدرستين البصرية والكوفية في وضع النحو العربي وتطويره"، للباحث عامر أحمد ميو الذي كان له كتاب في الصرف كما قدمنا، وهذه الدراسة عبارة عن بحث تكميلي مقدم إلى قسم الدراسات العربية بكلية الدراسات الإسلامية واللغة العربية لنيل درجة الماجستير في اللغة العربية من الجامعة الإسلامية في أوغندا.

والمطلع على بعض البحوث والدراسات التي أنجزها الباحثون من أهل الصومال يظهر له بأنّ هذه البحوث تؤكد علاقة علم النحو بعلم الصرف من خلال

---

[1] الدكتورة شيخة عيسى غانم العري: القواعد النحوية والصرفية، في مدارس التعليم العام بدولة الإمارات العربية المتحدة ، بين النظرية والتطبيق، مركز حمد بن محمد لإحياء التراث، ط1/، 2015م، الإمارات، الصف التاسع أنموذجاً، ص 16.

إبداعتهم البحثية، ومن ذلك:

– "الأسماء العاملة عمل الفعل في اللغة العربية وطرق تدريسها لغير الناطقين بها".

وهذا البحث حققه سعادة الدكتور عبد الله شيخ دون عبد[١]، وهو– أي البحث– عبارة عن بحث تكميلي لنيل درجة الماجستير في تعليم اللغة العربية لغير الناطقين بها من معهد الخرطوم الدولي للغة العربية التابع المنظمة العربية للتربية والثقافة والعلوم بالخرطوم في مايو عام ١٩٩٧م. وقد أشار المؤلف إلى أنّ هناك علاقة وثيقة وارتباطا قويا بين علم النحو وعلم الصرف، وأنهما جزءان لا يتجزآن، وأنّ قواعد اللغة العربية بشقيها النحو والصرفي مكملان لبعض . وتناول الباحث في الموضوع جانبين، جانبا صرفيا وجانبا نحويا، وركز على الجانب النحوي لأنه الجانب الذي يتعلق بعمل الأسماء ، وشروط عملها وما يستتبع ذلك مما له صلة بالباب.

أما الجانب الصرفي فيمر المؤلف عليه مرورا ولا يتوقف عنده كثيراً إلا ما دعت إليه ضرورة البحث العلمي. وفي القسم الأخير من الكتاب ناقش المؤلف فيه كيفية تدريس النحو وتبسيطه من غير تفريط في القدر الذي يُفترَض أن نقدّمه لأبنائنا الدارسين لقواعد العربية . ولكل قسم من قسمي الكتاب فصول مستقلة.

والكتاب غير مطبوع ويقع في ١٥٩ صفحة.

---

[١] أحد الباحثين من أهل الصومال الذين نشأوا على الثقافة العربية في مراحل حياتهم العلمية الأولى، ولما أنهى تلك المراحل رحل إلى السودان واستأنف المراحل التعليم العليا، ونال درجتي الماجستير والدكتوراه من السودان، وخاصة معهد الخرطوم الدولي ، ثم جامعة النيلين بالخرطوم. ولما عاد إلى الصومال انضم إلى هيئة التدريس في بعض الجامعات في مقديشو مثل الجامعة الإسلامة في الصومال، والدكتور عبد الله من المتواضعين الذين لا يحبون الظهور رغم قدرتهم العلمية والثقافية، وأكنّ له ولأمثاله كل التقدير والاحترام، حفظ الله الدكتور في حله وترحاله.

– أطروحة علمية قدمها الأستاذ مصطفى حاج حسن حسين[2] في مرحلة الماجستير بعنوان: "آراء المستشرقين في أصالة النحو العربي".

وهذه الدراسة عبارة عن دراسة أكاديمية علمية قام بها الباحث لنيل درجة الماجستير ، ورغم أنّ هذه الدراسة تحمل هذا العنوان (آراء المستشرقين في أصالة النحو العربي) إلا أنّ الباحث تناول فيها أيضاً نشأة علم الصرف والنحو معاً مما يدل على العلاقة الوثيقة والتوأمية بين فني الصرف والنحو معاً، وقد أبرز الباحث في هذه الدراسة الإهتمام الذي يوليه المستشرقون بالدراسات اللغوية المتعلقة بالعربية وفنونها ونشأة علم النحو والصرف وصلته بدراسة العلوم الشرعية لكونه البوابة التي يدخل منها الدارس للشريعة وعلومها كما وأشار الباحث في بعض فصول البحث أراء هؤلاء المستشرقين حول الأصل اليوناني والسرياني للنحو العربي، على ضوء المصادر اللغوية العربية في القديم والحديث.

– الصرف بين اللغتين العربية والصومالية على المستوى الفصيح واللهجي.

استعرض بعض الباحثين التداخل وتأثيرات اللغة العربية في اللغة الصومالية، وبخاصة عند استعارة الصومالية من العربية بعض الألفاظ والكلمات، وما يعتري عليها من تغييرات صرفية إثر انتقال هذه الكلمات من أصلها في اللغة المستعار منها والدرسات الأكاديمية في هذا الصدد جمَّة وكثيرة يصعب استقصاؤها واستيعابها.

هذا، وقد قام بعض الباحثين بدراسة تقابلية بين اللغتين الصومالية والعربية، سواء على مستوى المعياري الفصيح أو على المستوى اللهجي. ومن هذه البحوث:

---

[2] مصطفى حاج حسن حسين هلولي، ينحدر من أسرة دينية محافظة وكان أبوه من رواد الطريقة الصالحية، ولما أنهى دراسته الأولى في الصومال رحل إلى المملكة العربية السعودية والتحق بجامعة الإمام محمد بن سعود ، ثم الدراسات العليا ،فرع الجامعة بالمدينة المنورة. وبعد تخرجه في الجامعة أصبح مشغولا بمجال التعليم والدعوة والتربية.

الألفاظ العربية في اللغة الصومالية: دراسة تحليلية في المبنى والمعنى.

هذه الدراسة أنجزها فضيلة الدكتور عمر أحمد وهلية، بحيث ترصد الدكتور التغييرات التي وقعت في اللغة العربية حين انتقلت إلى اللغة الصومالية، وكذا التغييرات التي تخضع لهذه الظاهرة سواء كانت تغييرات صوتية أو صرفية أو دلالية، مما يعطينا تصوراً شاملاً عن قواعد صوملة الكلمة العربية، وتجيب الدراسة عن أسباب هذه الظاهرة، وما أعقبها من القواعد التي يمكن أن تحكم هذه الظاهرة. واتَّبع الباحث منهج الوصف والتحليل. والدراسة بجملتها تحتوي على مقدمة وأربعة فصول وخاتمة وملحقين. ففي الفصل الأول تناول ظاهرة انتشار العربية في الصومال، حيث تحدث عن الهجرات العربية إلى الصومال وكيف ساهمت هذه الهجرات في انتشار العربية في الصومال عبر التاريخ، وكذا عن العربية والإسلام في الصومال، وعن اللغة الصومالية من حيث الأصوات وبنية الكلمة وبناء الجملة وتأثير العربية في الصومالية.

أما الفصل الثاني فتناول فيه أشكال التغيير الصوتي الذي تعرضت له الألفاظ العربية المقترضة في الصومالية من حيث التغيير بالابدال والتغيير بالقلب المكاني والتغيير بالحذف. وفي الفصل الثالث تحدث فيه المؤلف عن أشكال التغيير الصرفي، حيث تناول أكثر الصيغ الصرفية، والزيادات أو اللواحق الصومالية التي تلحق الكلمة العربية المقترضة في الصومالية، كما تناول استخدام الصومالية لأساليب الجمع العربية والتبادل بين المفرد والجمع. والفصل الرابع فقد تناول فيه الباحث أشكال التغيير الدلالي الذي لحق بالكلمات العربية المقترضة في الصومالية ، ومن حيث نقل المعنى وتوسيعه وتصنيفه. واختتم بحثه بالنتائج التي توصل إليها من خلال بحثه وبعض التوصيات.

وفي النهاية أثبت ملحقين تحدث في أولاهما عن تعليم العربية في الصومال والمشكلات التي تقابلها، وفي ثانيهما ذكر قائمة من الألفاظ العربية المقترضة في الصومالية، والكتاب يقع في ١٨٦ صفحة، ونال المؤلف هذه الدراسة درجة الماجستير اللغة العربية من معهد البحوث والدراسات العربية في القاهرة ، قسم البحوث والدراسات الأدبية واللغوية في عام ١٩٩٣م.

– "دراسة تقابلية بين اللغة العربية والصومالية على مستوى الصرف".

وهذ البحث الأكاديمية أنجزه الأستاذ علي موجي أحمد، وهو عبارة عن دراسة تكميلية أعدّها الباحث لنيل درجة الماجستير في اللغة العربية من معهد الخرطوم الدولي للغة العربية بالخرطوم — السودان، عام ١٩٧٩م.

– "دراسة تقابلية بين اللغة العربية واللغة الصومالية الماي على المستوى الصرفي".

وهذا البحث جاء نتيجة الجهد العلمي الذي بذله الأستاذ عبد الله محمد خيري[1] للحصول على درجة الماجستير في اللغة العربية، من معهد الخرطوم الدولي في السودان.

وقد هدفت هذه الدراسة إلى إجراء دراسة تقابلية بين اللغة العربية واللغة الصومالية الماي على المستوى الصرفي؛ لمعرفة أوجه التشابه والاختلاف بين اللغتين من الناحية الصرفية، ومن ثم تحديد أماكن الصعوبة والسهولة في تعليم اللغة العربية للناطقين

---

[1] أحد الباحثين المثقفين المتحمسين في الثقافية الصومالية وعلاقاتها بالثقافة العربية، وينحدر من منطقة بكول وخاصة من قبيلة هدمي، ويهتم الأستاذ عبد الله بقضايا الوطن وفي مجالات تعدد الثقافات واللغات واللهجات. واشتغل في المجال الإجتماعي حيث يعد من المؤسسين بعض المدراس والمراكز ذات طابع عربي إسلامي في منطقة باي وبكول، وهو الآن من الدبلوماسين الصوماليين في سفارة الصومال في الدوحة بدولة قطر الشقيقة.

باللغة الماي، واقتراح الحلول المناسبة للمشكلات المتوقعة، وقد اتبع الباحث في هذه الدراسة المنهجين الوصفي والاستقراء المقارن. وتوصل الباحث إلى النتائج التالية:

أثَّرت اللغة العربية على اللغة الصومالية "الماي" تأثيرا شاملا لكل المستويات اللغوية الصوتية والصرفية والنحوية والدلالية. ونتيجة للتأثير المذكور تتفق اللغتان في قواعد أساسية. هذا وقد أوصى الباحث بالآتي: إجراء دراسة تقابلية بين اللغة العربية الفصحى واللغة الصومالية الماي على المستويات التي لم تتطرق إليها الدراسة بعد. كما أوصى الباحث أيضا الجهات المسئولة عن التعليم في الصومال، سواء أكانت جهات حكومية، أم أهلية تشجيع مثل هذه البحوث ونشرها لتعم الفائدة.

الجدير بالذكر أنَّ الباحث ركز في الفصل الثالث النظام الصرفي للغتين العربية والصومالية، كما استعرض في الفصل الرابع إجراء مقابلة بين اللغتين فيما يتعلق بالأسماء والأفعال.

ونلفت الانتباه إلى أنَّ دراسة الأستاذ عبد الله محمد خيري ليست وحيدة من نوعها التي تقارن بين اللغة العربية والصومالية في مستوى اللهجي لاسيما لهجة " الماي" الصومالية، بل إن هناك أيضاً دراسات قام بها أهل الصومال على نحو ذلك مثل الدراسة الأكاديمية التي قدمها سعادة الدكتور فوزي محمد بارو[1] بحيث قام بدراسة تقابلية بين اللغة العربية ولغة (لهجة) ماي الصومالية ، ولكن على المستوى الصوتي، قد سماه بحثه:

– دراسة تقابلية بين اللغة العربية ولغة ماي الصومالية على المستوى الصوتي.

والباحث هنا قام بدراسة تقابلية بين اللغة العربية ولغة ماي الصومالية على المستوى الصوتي. وقدم الدكتور هذه الدراسة لينال درجة الماجستير في اللغة العربية من معهد الخرطوم الدولي بالسودان عام ٢٠٠٤م.

الجدير بالذكر أنّ علم الصرف يهتم بتغيير الكلمة معنى طارئ عليها، وينحصر في الزيادة، والحذف والإبدال والقلب والنقل والإدغام، وفي هذا الإطار نستطيع القول بأنّ علم الأصوات له علاقة مباشرة بعلم الصرف، لأنّ الأخير يعتمد في مسائله وقضاياه على نتائج البحث الصوتي، بينما علم الأصوات يعدّ مقدمة للصرف لدراسته تراكيب الكلمات.

ولا شك أنّ علوم العربية تكمل بعضها بعضًا، وأنّ النحاة القدامى كانوا على وعيٍ بالعلاقة التي تجمع علم الصرف بعلم الأصوات، لأنّ علاقة الصرف بالصوت وثيقة وعلاقة متلازمة؛ حيث لا يستغني أحدهما عن الآخر.

وفي هذه الناحية فعلماء اللغة قديمًا كانت دراستهم لمادة الصرف وثيقة الصلة بعلم الأصوات، ولم يفصلوا بينهما لقوة العلة الجامعة بينهما، فما الصرف إلا تقلُّبٌ لأوجه الكلمة، هذا التقلب ينتج عن تحولات صوتية خاصة كالإدغام والإعلال والحذف؛ لذلك يمكن "اعتبار علم الصرف من بين أقرب علوم اللغة إلى الصوتيات؛ إذ إن كثيرًا من المباحث الصرفية تقوم على أساس صوتي؛ (فهي مباحث صرفية صوتية)، فإذا كان علم الصرف يدرس بناء الكلمة، وما يعتريها من

تغيرات، فإن هذه التغيرات التي تمس بنية الكلمة ذات طبيعة صوتية غالبًا، كالإعلال والإبدال، والحذف والزيادة، والإدغام والإمالة والوقف[1].

وفيما يتعلق بعلم الصرف أنجز الدكتور فوزي أيضاً رسالة علمية لطيفة أطلق عليها:

- السائل والمجيب في فنّ الصرف.

وهنا قام فضيلة الدكتور فوزي — كغيره من الباحثين – بتسهيل تعليم علم الصرف بطريقة أكاديمية عالية، عرضه على طريقة سؤال وجواب فيما يتعلق بفنّ الصرف، وهدف الباحث إنّما هو تيسير فهم الكتاب وتسهيل حفظه حتى يثبت القلب في فهماً وحفظاً.

والحق يقال ليست هذه الجدارة اللغوية ما يستغرب في حق الدكتور فوزي لأنّ سعادته أخذ علم الصرف من مجموعة من العلماء المهاهرين في هذا الفن، بالإضافة إلى عدد من كتب الصرف المعروفة، مثل:

- كتاب شرح لامية الأفعال لبدر الدين، أخذه على يد الشيخ أحمد حسن عثمان صالح.

- كتاب شذ العرف في فنّ الصرف، تتلمذ فيه على يد الأستاذ عبد الناصر محمد معلم.

- كتاب فنّ الصرف، وكتاب الكافي، تلقّى الكتابين من الشيخ محمود.

---

[1] محمد رضا الجزاري: العلاقة بين علم الصرف وعلم الأصوات، مقال نشر في ١٤٤٣/٢/٢٨هـ الموافق ٢٠٢١/٨/٦م في شبكة الألوكة الأدبية واللغوية.

ومن الدراسات الأكاديمية التي قدمها الباحثون في مجال الصرف وفنونه في مراحل الدراسات العليا:

- "تحليل معاني أبنية المصادر القياسية والسماعية في سورة الإسراء — دراسة صرفية وصفية تحليلية".

لفضيلة الشيخ عبد القادر شيخ محمد آدم المعروف بـ"الشيخ عكاشة"، وهذه الدراسة عبارة عن بحث تكميلي مقدم إلى قسم الدراسات العربية بكلية الدراسات الإسلامية واللغة العربية لنيل درجة الماجستير في اللغة العربية من الجامعة الإسلامية في أوغندا.

- "الأبنية الصرفية في سورة الأعراف — دراسة صرفية وصفية تحليلية".

وهذا البحث قدمه أيضاً فضيلة الشيخ عبد القادر شيخ محمد آدم (عكاشة)، والدراسة ضمن البحوث العلمية لنيل درجة الدكتواه في اللغة العربية قسم اللغة العربية بالجامعة الإسلامية العالمية للدراسات الشرعية والإنسانية بجمهورية النيجر.

- المسح اللغوي في الصومال وتأثير اللغة العربية في اللغة الصومالية.

للباحث الراحل الأستاذ عبد الرزاق حسين حسن — رحمه الله — أحد اساتذة الجامعة الوطنية الصومالية ، ورئيس قسم اللغة العربية، وبعد انهيار كيان الدولة الصومالية في عام ١٩٩٠م تحول من العاصمة إلى شمال الشرق للبلاد وخاصة مدينة بوصاصو حيث ركز على التعليم والأعمال الخيرية، وقضى جل وقته في ذلك، وقد توفي في منتصف شهر أغسطس عام ٢٠٢٢م.

وقد قسم الباحث دراسته إلى أربعة فصول ، استهل في البداية لمحة قصيرة عن بلاد الصومال جغرافيا ، وفي الفصل الثاني تناول المؤلف فيه تأثير اللغة العربية في

الصومالية على المستوى الصوتي سواء في الصوامت الصوائت: وفي الفصل الثالث تحدث فيه عن اللغة العربية في الصومالية على المستويين الصرفي والنحوي . وتناول في الفصل والرابع والأخير سبل تأثير اللغوي ونماذج من ذلك.

وقام بطبع هذا الكتاب مركز الوثائق للدراسات الإنسانية بجامعة قطر – الدوحة ، في عام ١٤١١هـ الموافق عام ١٩٩١م ، ويقع الكتاب حوالي ١٥٥ صفحة.

– "أصول اللغة الصومالية في العربية".

لمعالي شريف صالح محمد علي – رحمه الله – وكتابه هذا عبارة عن مقدمة لدراسة لغوية مقارنة بين اللغة العربية والصومالية ، وجُلّها دراسة معجميّة ترمي إلى إظهار الروابط الموجودة بين اللغتين العربية والصومالية على مستوى الفصيحة واللهجة، وبصورة خاصة اللهجات العربية الجنوبية قديماً وحديثاً.

هذا وتضمن كتابه -رحمه الله – إلى جانب ذلك دراسة لجوانب من علم الصرف حيث تناول في الفصل الثالث من الكتاب ما له علاقة بظاهرة القلب والإبدال وصور التصحيف بصفة عامة للألفاظ العربية ودراسة ظاهرة التصحيف وخصائصها البِنيَوية والصرفية. وللمعجم منهج خاص عند البحث عن الكلمة والوقوف على طريقة نطقها الصحيح.

وفي الفصل الرابع من هذا الكتاب تحدث المؤلف عن الأصوات الصومالية لتجلية بعض ملامحها المميزة ومقارنتها بالأصوات العربية، وبالتحديد تحدث عن المخزون الفونيمي والخصائص المميزة لبعض الصوامت، والنبر والنغم والتنغيم .

وفي الفصل الخامس عالج أوجه التشابه بين اللغتين العربية والصومالية وطبيعة الازدواج في الصومالية التي يتضافر فيها المعجم العربي بأخر الصومالي موازياً له،

والعكس صحيح.

أما الفصل السادس فيبحث فيه عن تأثير القرآن الكريم في اللغة الصومالية، وتعدد مستويات هذا التأثير بدءاً من الفلكلور الشعبي إلى لغة العلم والدين والحرف. مركزاً على التعابير اللغوية المشتركة بين اللغتين، واستعرض المؤلف لبعض الأمثلة والنماذج قوامها ١٦ نموذجاً ، وعن حديثه عن صلة الصومالية بلغة القرآن أشار إلى انتمائهما إلى جذور واحدة ، قائمة على بيئة خضارية ، وعرض طرقاً وأمثلة توضح هذه العلاقة على سبيل الألغاز والتمارين الذهنية ، وأكثر هذه الأمثلة تنتشر في الأقاليم الجنوبية وخاصة في مناطق " جوبا العليا". واختتم المؤلف في هذا الفصل بالحديث عن الصيغة الشعرية لإيصال الخبر.

ولا غرابة في هذا الاطلاع الواسع للمؤلف على هذه الدقائق اللغوية حيث إنّ المؤلف شريف صالح شريف تنحدر عائلته من احدى وعوائل جمل الليل المعروفة في شرق إفريقيا قطر بنادر الصومالي وسواحله الجنوبية.

وقد درس العلوم العربية من نحو وصرف على أيدي أساتذة أكفاء، فعلم النحو – مثلاً – درس من كتاب الأجرومية علي يد الشيخ حسين معلم الهدمي فرع لِكْسِي (Liksi)، كما درس علم الصرف من كتاب اللامية الأفعال علي يد الشيخ حسن الشيخ علي الحسني، الذي شرح له وسهّل له حفظها ، غير أنّ تمكنه وتعمقه في هذا الفن وقواعده كان سببه أنه تتلمذ علي يد أحد الشيوخ من قبيلة أيمد (Emat) الرحنوينية ، ودرس كتابي ملحة الأعراب و الكفراوي علي يد الشيخ عبد الله الأجوراني من قبيلة أجوران (Ajuuraan) المشهورة في جنوب البلاد، كل ذلك قد تم في بيت أبيه، وهكذا واصل رحلته العلمية.

الخاتمة

وفي ختام هذه الدراسة حول إسهامات أهلنا في علم الصرف؛ في السطور السابقة ناقشنا بعض الجهود العلمية لأهل الصومال في علم الصرف سواء كانت هذه الجهود العلمية ما صدرت بمبادرة من قِبل العلماء الأوائل أنفسهم من خلال حلقاتهم العلمية، وإنتاجهم العلمي تجاه فنّ الصرف، أو ما ساهمها الباحثون بدورهم من خلال دراساتهم العلمية وأطروحاتهم الأكاديمية حول الصرف في اللغة العربية والصومالية في المستوى المعياري الفصيح أو اللهجي في إطار البحث العلمي في أقسام الدراسات العليا للجامعات ، وما قدمناه في هذا المضمار إنّما هو من باب ضرب الأمثلة وطرح النماذج المتوفرة لدينا من البحوث والدراسات الأكاديمية التي تناولت علم الصرف بأي وجه من الوجود العلمية، ولا ندّعي – والكمال لله – بأننا أحطنا الجهود العلمية التي أنجزها الباحثون في مختلف المراحل الدراسات العليا من الدبلوم والماجستير والدكتواه وما شابه ذلك، لأنّ الحصر والإحاطة أمر صعب يتطلب إلى مسح كامل وشامل في المعاهد والجامعات العربية وغيرها في العالم.

وعموم الدراسة التي قدمناها هنا تدل على مدى اهتمام أهل الصومال باللغة العربية عبر العصور المختلفة، بما في ذلك الصرف الذي يشكل أساساً من الأسس المهمة في اللغة العربية قديماً وحديثاً، بل إنّ كل من اشتغل باللغة العربية – من نحوي أو لغوي – يحتاج إليه ولا يستغني عنه.

ونعتقد بأنّ بحثنا هذا المتواضع سوف يكون مفتاحا — إلى جانب علم الصرف—
للدراسات والبحوث في جميع المجالات اللغوية كلها للنهل منها ولمزيد من الإثراء
فيها.

المصادر والمراجع

- د. أمين علي السيد: دراسات في الصرف، مكتبة الزهراء، القاهرة، ١٩٨٩م.

- بدر أحمد سالم الكسادي: أبطال منسيون من ربابنة الملاحة البحرية العربية، اعتنى به محمد علوى باهارون، هيئة أبو ظبي للسياحة والثقافة، دار الكتب الوطنية، ط/١، ١٤٣٤هـ/٢٠١٢م.

- ابن بطوطة، أبو عبد الله محمد بن عبد الله بن إبراهيم اللواتي الطنجي: رحلة ابن بطوطة المسمّاه تحفة النظار في غرائب الأمصار وعجائب الأصفار، بتحقيق الشيخ محمد عبد المنعم العربي، دار أحياء العلوم، بيروت – لبنان.

- الشيخ أبوبكر حسن مالن: الغيث الهطال شرح لامية الأفعال، ط/١، مكتبة الوديان، عام ١٤٤١هـ/٢٠٢٠م؛ وطبع أيضاً مركز الأهرام بمقديشو – الصومال بتاريخ ١٤٢٧هـ ، بطبعته الثالثة.

- ابن سعيد المغربي ، أبو الحسن علي بن موسى (ت ٦٧٣هـ هـ - ١٢٧٤م) : كتاب جغرافيا ، تحقيق وتعليق محمد العربي ، الطبعة الأولى ، منشورات المكتب التجاري للطباعة والنشر والتوزيع ، بيروت ١٩٧٠م.

- أ.د. السيد أحمد علي محمد: دراسات في علم الصرف، دار الجوهرة، القاهرة – مصر، ٢٠١٤م.

- الشريف بن عيدروس الشريف علي العيدروس النضيري العلوي : بغية الآمال في تاريخ الصومال ، مطبعة الإدارة الوصية علي صوماليا ، مقدشو ، الطبعة الأولى ، سنة ١٣٧٤هـ - ١٩٥٤م.

- شريف صالح محمد علي: أصول اللغة الصومالية في العربية ، مكتبة النهضة المصرية ، القاهرة ، الطبعة الأولى عام ١٩٩٣م .

- الدكتورة شيخه عيسى غانم العري: القواعد النحوية والصرفية، في مدارس التعليم العام بدولة الإمارات العربية المتحدة ، بين النظرية والتطبيق، مركز حمد بن محمد لإحياء التراث، ط/١، ٢٠١٥م، الإمارات، الصف التاسع أنموذجاً.

- عبد الرحمن شيخ محمود الزيلعي. الصومال عروبتها وحضارتها الإسلامية، دار قنديل للنشر والتوزيع، القاهرة ، ط/١ كانون عام ١٤٤٠هـ، الموافق ديسمبر ٢٠١٨م – ١٤٤٠هـ.

د. عبد الله درويش: دراسات في علم الصرف، ط/٢، مكتبة الطالب الجامعي، مكة المكرمة، ٤٠٨هـ/١٩٨٧م.

- د. عبد الله شيخ دون عبد: الأسماء العاملة عمل الفعل في اللغة العربية وطرق تدريسها لغير الناطقين بها، رسالة ماجستير، معهد الخرطوم الدولي، السودان، مايو – ١٩٩٧م.

- عبد الله محمد خيري: دراسة تقابلية بين اللغة العربية واللغة الصومالية الماي على المستوى الصرفي، رسالة الماجستير في اللغة العربية، من معهد الخرطوم الدولي في السودان.

- با علوي ، محمد بن أبي بكر الشلي : المشرع الروي في مناقب السادة الكرام آل علوي دون ذكر اسم دار النشر والمكان والتاريخ.

- الشيخ علي حاج إبراهيم: سؤال وجواب، طبع بمطابع الحكومة، مقدشو، عام ١٣٩١هـ الموافق ١٩٧١م.

- الدكتور عمر إيمان أبو بكر: طريقة طلب العلم الشرعي في الصومال، بحث منشور في مواقع تواصل الاجتماعي.

- عمر محمد ورسمه: تجربتان في تعليم اللغة العربية في الصومال ، ورقة بحث إلى المؤتمر الدولي الثالث للغة العربية بدبي ١٧ — ١٠ مايو ٢٠١٤م.

- الدكتور فوزي محمد بارو شيخ مومن عمر شريف الملقب ب (فوزان): دراسة تقابلية بين اللغة العربية ولغة ماي الصومالية على المستوى الصوتي، الماجستير في اللغة العربية من معهد الخرطوم الدولي بالسودان عام ٢٠٠٤م.

- شمس الدين الشيخ قاسم بن محي الدين البراوي: يوم من الصرف، ط/١، نور الهدى، ألمانيا، عام ١٩٦٩م.

- الشيخ محمد أحمد عينب: التعليق اللطيق على حديقة التصريف، ط/١، مكتبة الوديان، ١٤٤١هـ/٢٠٢٠م.

- محمد حديث شيخ عمر الفاروق حاج عبدي سلطان: الحلقات العلمية في عرمالي، موقع قراءات صومالية، في ٣ يوليو، عام ٢٠٢٠م، www.qiraatsomali

- محمد حسين معلم: عباقرة القرن الإفريفي، ص ، دار الفكر العربي، القاهرة، ٢٠١٦م. .

- محمد حسين معلم: الثقافة العربية وروادها في الصومال، ط/١، دار الفكر العربي، القاهرة، ٢٠١١م.

- محمد حسين معلم علي: معجم المؤلفين الصوماليين في العربية، دار الفكر

العربي، ط/١ ، القاهرة، ٢٠١٧م.

– الشيخ محمد معلم حسن: التبيان في قواعد تصريف الأفعال، تحقيق د. محمد ديرية سبرية، مقديشو – الصومال، عام ٢٠٢٠م.

– محمد رضا الجزاري: العلاقة بين علم الصرف وعلم الأصوات، مقال نشر في ٢٨/٢/١٤٤٣هـ الموافق ٦/٨/٢٠٢١م في شبكة الألوكة الأدبية واللغوية.

– أ. د. مجيد خير الله الزاملي: دراسات في علم الصرف، دار الكتب العلمية، بيروت.

– د. مسفر بن محماس الكبيري الدوسري: حوسبة الصرف: التصغير أ نموذجاً، الجامعة الإسلامية العالمية بماليزيا.

– مصطفى حاج حسن حسين هلولي: آراء المستشرقين في اصالة النحو العربي، رسالة ماجستير في الاستشراق، جامعة الإمام محمد بن سعود ، فرع الجامعة بالمدينة المنورة.

فهرس الموضوعات